HEYNE <

Die Autorin

Caroline Latham arbeitet seit über 15 Jahren als Heilerin, oft in Zusammenarbeit mit niedergelassenen Ärzten. Sie lebt in Canterbury (England), hat drei Kinder, leitet eine örtliche Wohlfahrtsorganisation, bildet zukünftige Heilerinnen und Heiler aus und organisiert regelmäßig stattfindende internationale Workshops zum Thema Geistheilung. Ihre Bücher wurden in über zehn Sprachen übersetzt.

CAROLINE LATHAM

Du bist ein Heiler

Einstieg in die Praxis
der Geist- und Energieheilung

Aus dem Englischen von
Theo Kierdorf
in Zusammenarbeit mit
Hildegard Höhr

WILHELM HEYNE VERLAG
MÜNCHEN

Das vorliegende Buch ist sorgfältig erarbeitet worden.
Dennoch erfolgen alle Angaben ohne Gewähr.
Weder Autoren noch Verlag können für eventuelle Nachteile oder
Schäden, die aus den im Buch gemachten praktischen Hinweisen
resultieren, eine Haftung übernehmen.

FSC
Mix
Produktgruppe aus vorbildlich
bewirtschafteten Wäldern und
anderen kontrollierten Herkünften
Zert.-Nr. SGS-COC-1940
www.fsc.org
© 1996 Forest Stewardship Council

Verlagsgruppe Random House FSC-DEU-0100
Das für dieses Buch verwendete
FSC-zertifizierte Papier *Munken Print*
liefert Arctic Paper Munkedals AB, Schweden.

2. Auflage
Taschenbucherstausgabe 09/2008
Copyright © 2000 by Caroline Latham
Copyright © 2001 für die deutsche Ausgabe by Ansata Verlag, München,
in der Verlagsgruppe Random House GmbH
Die Originalausgabe erschien unter dem Titel
»The Heart of Healing Body, Mind and Spirit«
im Verlag Findhorn Press, Findhorn, Scotland.
Printed in Germany 2009
Redaktion: Barbara Imgrund
Illustrationen: Lisa-Maria Graf
Umschlaggestaltung: HildenDesign, München
unter Verwendung einer Abbildung von Michael Hall / Getty Images
Gesetzt aus der ITC Giovanni
bei C. Schaber Datentechnik, Wels
Herstellung: Helga Schörnig
Druck und Bindung: GGP Media GmbH, Pößneck
ISBN 978-3-453-70096-3

http://www.heyne.de

Inhalt

1 *Wie beginnen?* 7

2 *Atmung, Meditation und Beruhigung*
  des Geistes 17

  Atmen *22*
  Meditieren *24*
    Anleitung *25*

3 *Visualisieren* 31

  Die Visualisation *34*

4 *Sich in die Situation des anderen versetzen* . . 43

  Die Übung des Austauschs *48*

5 *Die Behandlungssituation* 53

  Der Raum *54*
  Hilfsmittel *56*
  Die Vorbereitung *57*
  Atmung, Intention und Anrufung *58*
  Zeit *60*
  Und Action! *62*
  Die Nachwirkungen *89*

6 *Symbole und Glauben* 91

7 *Der Stil anderer und die Entwicklung
eines eigenen Stils* 103

8 *Heilen, nicht kurieren* 111

9 *Fragen und Antworten* 125

Wie oft soll ich heilen? *125*
Soll ich ein Honorar berechnen oder nicht? *127*
Sollen wir aufhören, schulmedizinische
Heilmittel einzunehmen? *130*
Warum wirken Heilungen nicht immer? *132*
Wie lange soll eine Sitzung dauern? *137*
Wann biete ich meine Dienste an? *138*
Ist es wichtig, dass die Klienten an die Heilung
glauben? *138*
Warum scheinen die Hände von Heilern oft
so starke Hitze auszustrahlen? *138*
Was ist von Fernheilung zu halten? *139*
Wie lange sollte man warten, bevor man mit
der Heilungsarbeit beginnt? *139*
Wie stelle ich fest, ob ich »es richtig
mache«? *139*
Wenn es Menschen nach der Behandlung
besser zu gehen scheint, ist das dann
mein Verdienst? *140*
Wie lange hat Ihre Ausbildung gedauert? *140*

Dank 142

Literatur 143

ERSTES KAPITEL

Wie beginnen?

Das Telefon klingelt häufig. Man fragt mich, ob ich einen Workshop für Heiler leite, was ich von der Nationalen Vereinigung Spiritueller Heiler halte oder ob Reiki dasselbe wie Heilen ist. Oder jemand sagt: »Ich weiß, dass ich heilen kann, aber wo soll ich beginnen?«

Auf diese letzte Frage gibt es eine einfache Antwort: *Beginnen Sie da, wo Sie jetzt sind.*

Wenn jemand mir auf einer langweiligen Party (insbesondere, wenn sie sehr förmlich ist) die unvermeidliche Frage »Und was machen Sie so?« stellt, antworte ich gewöhnlich: »Ich bin Heilerin.« Darauf gibt es genau zwei Arten von Reaktionen: Entweder husten die Fragesteller nervös, fangen dann an, über die aktuelle Fußballtabelle zu reden, und entfernen sich nach einer Weile, um sich etwas zu trinken zu holen. Oder sie kreischen begeistert auf: »Das ist ja fantastisch! Ist ›es‹ bei Ihnen angeboren oder haben Sie ›es‹ irgendwo gelernt? Und wie viele Menschen haben Sie schon kuriert?« Andere Menschen fühlen sich durch mein Bekenntnis entweder verängstigt,

7

oder sie sind fasziniert. Ich würde nur zu gern wissen, was dieses »Es« ihrer Meinung nach ist.

Bevor Sie auch nur einen Pfennig für einen Kurs ausgeben oder irgendeiner Gruppe beitreten, sollten Sie in Ruhe über Folgendes nachdenken: Wie wenig Selbstvertrauen Sie auch haben mögen – alles, was Sie für das Heilen benötigen, finden Sie in sich selbst. Jeder von uns ist von seiner Wurzel her Licht und Energie. Deepak Chopra hat einmal gesagt: »Wenn Sie Ihren Körper so sehen könnten, wie er wirklich ist, sähen Sie eine riesige Leere mit ein paar verstreuten Punkten und Flecken und ein paar zufälligen elektrischen Entladungen.« Entscheidend ist jedoch, dass niemand und auch kein Kurs Ihnen das zu geben vermag, was sich bereits tief in Ihrem Inneren befindet. Jede Mutter bringt ihre natürliche Begabung als Heilerin zum Ausdruck, wenn sie den aufgeschürften Finger ihres Kindes hält und es bedauert: »Ach, du armes Kleines!« Alle Menschen sind Heiler, sobald sie gegenüber den Problemen anderer echtes Mitgefühl zeigen. Mein Vater – er hat über vierzig Jahre lang als praktischer Arzt gearbeitet – sagt immer, die wichtigste Voraussetzung für die Heilkunst sei, dass man zuhören könne. Wer zuzuhören vermag, ist ein Heiler.

Das Zuhören besitzt eine bestimmte Qualität. Jeder, der helfen möchte, verfügt über das »Es«, jene magische Zutat – aber niemand kann Ihnen dieses »Es« geben: Sie können nur entwickeln, was schon in

Ihnen angelegt ist. Selbst Menschen haben dieses »Es«, die davon gar nichts wissen.

In der buddhistischen Tradition gibt es die formelle Zeremonie des »Zufluchtnehmens«. Alle, die Zuflucht nehmen, überantworten sich dem so genannten »Es«: dem, was sich ihnen offenbart, wenn ihnen klar wird, dass sich in ihrem Inneren ein weicher Punkt befindet, ein sensibler Teil, das sanfte »Es« – das Potenzial zu helfen.

Viele Suchende wenden sich an spirituelle Lehrer, weil sie hoffen, diese könnten ihnen jenes »Es« geben. Ein östlicher Meister pflegte in solchen Fällen zu sagen: »Ich kann so tun, als ob ich Ihnen etwas geben würde, wenn Sie das gern hätten ...« Vielleicht ist es deshalb am besten, wenn Sie in diesem Augenblick zunächst Zuflucht zu sich selbst nehmen und erkennen, dass Sie über das Potenzial zu helfen verfügen. Sie wollen selbst nicht leiden, und Sie wollen auch nicht, dass andere unter Schmerzen leiden.

Jeder Kurs, der Ihnen hilft, zu heilen und Ihre eigenen inneren Leitlinien zu finden, hat einen positiven Einfluss auf Sie. Aber Sie brauchen keine riesigen Summen für etwas auszugeben, das man letztendlich nicht kaufen kann. Vielleicht besteht die preiswerteste Art, Ihr Potenzial zu entwickeln, darin, dass Sie dieses Buch lesen – das hoffe ich zumindest! Ich bin immer für das Preiswerte und Heitere eingetreten (vielleicht habe ich das meiner schottischen Herkunft zu verdanken) und für den zwar sentimentalen, aber zutreffenden Satz: »Die besten Dinge im Leben kosten nichts.«

Stellen Sie zunächst fest, welche Motive Sie verfolgen. Matthew Manning, einer der führenden Heiler der Welt, formuliert es sehr treffend in der folgenden Frage: »Wollen Sie heilen, weil Sie selbst Liebe brauchen oder weil Sie anderen Liebe geben wollen?« Falls bei Ihnen Letzteres zutrifft, sollten Sie fortfahren. Und wenn Sie heilen wollen, weil Sie selbst Liebe brauchen, sollten Sie Ihre Bemühungen ebenfalls fortsetzen, aber auch versuchen, sich über Ihre wahren Absichten klar zu werden. Vielleicht beginnt das Erlernen der Heilkunst für Sie mit einer Reise in das eigene Innere.

Absicht und Motivation sind alles. Der bekannte Biologe Rupert Sheldrake hat es einmal so erklärt: Wenn Sie einen Hund haben und ihn zu Hause lassen, während Sie beispielsweise nach Italien in Urlaub fahren, schaut der Hund genau dann, wenn Sie wieder heimzukehren beschließen, zu Hause aus dem Fenster und winselt vor Freude. So mächtig sind Ihre Absichten. Deshalb sollten Sie, bevor Sie einem anderen Menschen die Hände auflegen, Ihre Motivation überprüfen. Falls Sie die Absicht und die Motivation zu helfen haben, vermag dies allein schon ungeheuer viel zu bewirken. Ich habe Menschen mit den unterschiedlichsten Problemen kennen gelernt, die, während sie ihre Hände ausstreckten, um zu heilen, ihre eigenen negativen Gedankengänge weiterverfolgten. Ich bin überzeugt, dass der Empfänger der Heilungsbemühungen in solchen Fällen die Negativität des Senders spürt. Doch die Person, die Sie heilen wollen, muss Ihnen wichtiger sein als Sie selbst.

Wäre die Welt nicht ein unvergleichlicher Ort, wenn wir aufhören würden, uns Sorgen zu machen? Sicher kennen Sie solche Situationen: Sie rufen Ihre Mutter an, um ihr mitzuteilen, dass Sie die Stelle, um die Sie sich beworben hatten, nicht bekommen haben, dass Sie jedoch hoffen, beim nächsten Mal erfolgreicher zu sein. Daraufhin sagt Ihre Mutter: »Ach, mein armes Kind, wie schrecklich! Zu meiner Zeit war alles so viel einfacher. Heutzutage ist doch kein Job mehr sicher. Und selbst wenn man eine Stelle findet, kann man sie schon am gleichen Tag wieder verlieren. Denk nur an Danny. Erinnerst du dich noch? So etwas Trauriges, Tragisches. Ich weiß gar nicht, wie er seine Familie durchbringt. Zum Glück bist du ja allein stehend. Allerdings denken sie bei dir wahrscheinlich, dass du eines Tages schwanger wirst. Glaub ja kein Wort von all dem Gerede über Chancengleichheit! Solange die Männer keine Kinder bekommen können, bleiben die Frauen die Leidtragenden. Ach herrje! Und dieser Konkurrenzkampf heutzutage. Vielleicht ist es ja auch meine Schuld. Vielleicht war es gar nicht so gut, dass ich dir geholfen habe, auf die beste Universität zu kommen. Vielleicht wärest du besser so wie ich Putzfrau geworden.«

Und so weiter und so weiter. Wenn Sie den Telefonhörer auf die Gabel legen, steht es Ihnen bis zum Hals und Sie sind völlig verzweifelt. Ihr Selbstvertrauen ist dann so zusammengeschmolzen, dass Sie nicht einmal mehr Lust haben, zum nächsten Vorstellungsgespräch zu gehen. Aber damit sind wir noch nicht am Ende. Ihre Mutter spricht anschließend mit jedem, den sie trifft, über den tragischen Verlauf Ihres Lebens und darüber, dass sie sich nicht in der Lage sieht, etwas daran zu ändern, und wie schlecht die Welt heutzutage ist. Und diejenigen, mit denen sie spricht, tragen das ihre dazu bei und revanchieren sich mit ebenso schicksalsschwangeren und düsteren Geschichten.

Haben Sie sich in dieser Beschreibung ein wenig wieder erkannt? Wir konzentrieren uns mit Vorliebe auf das Negative; wir übertreiben es, verbreiten es und klatschen darüber. Und je mehr wir uns damit beschäftigen, umso realer wird es für uns.

Ich habe noch keinen Workshop miterlebt, bei dem nicht irgendjemand gefragt hätte: »Glauben Sie, dass das Ende der Welt bald kommen wird? Meinen Sie nicht auch, dass jener Prophet Recht hat, der behauptet, dass wir im Jahre 2008 alle vernichtet werden?« Manche Lehrer antworten auf solche Fragen: »Ich verstehe nicht ganz.« Meiner Meinung nach wollen sie damit andeuten, dass ihre eigene Sicht so »rein« ist, dass sie nicht verstehen, wie wir uns eine so negative Sicht zu Eigen machen können. Als einmal jemand Denise Linn diese Frage stellte, antwortete sie: »Hören Sie auf, so zu denken, sonst denken Sie es noch herbei.« Wenn ich mich richtig erinnere, wandte sich Deepak Chopra anlässlich einer Buchpräsentation einmal an sein Publikum und sagte: »Das Einzige, was mit diesem Land nicht in Ordnung ist, ist, dass es ihm an Selbstvertrauen fehlt.«

Was als der Gedanke eines einzelnen Menschen beginnt, kann also leicht eskalieren. Deshalb ist es wirklich sehr wichtig, dass Sie auf Ihre Gedanken aufpassen und überprüfen, welche Richtung Sie darin einschlagen. Wenn sich nun aber negative Gedanken so leicht beeinflussen lassen, wie würde es sich dann erst auswirken, wenn wir die positiven verstärkten? Vergegenwärtigen Sie sich noch einmal die Szene mit Ihrer Mutter: »Mutter, ich habe die Stelle nicht bekommen, aber ich habe nächste Woche noch ein Vorstellungsgespräch.«

»Mach dir keine Sorgen, Liebes. Du wirst die richtige Stelle schon finden. Versuch es einfach weiter. Wenn du diese Stelle nicht bekommen hast, dann war es auch nicht das Richtige für dich. Du hast einfach nicht in ihre Tretmühle gepasst. Und hast du nicht gesagt, dass das andere Angebot sowieso besser ist? Ich glaube an dich. Ich weiß, dass du es schaffen kannst. Jeder hat in dieser Welt seinen Platz. Es wird kommen, wenn es richtig ist. Ich weiß tief in meinem Herzen, dass du genau im richtigen Augenblick die perfekte Stelle für dich finden wirst, und ich werde auch alle meine Freunde bitten, dich mit ihren guten Wünschen zu begleiten und zu unterstützen.« Dann sucht sie all ihre Freunde auf und bittet sie tatsächlich, sich vorzustellen, dass ihre Tochter bei ihrem nächsten Vorstellungsgespräch Erfolg hat.

Kann es sein, dass einige von Ihnen sich jetzt am liebsten übergeben würden, weil das, was Sie eben gelesen haben, so kitschig klingt? Ist es nicht eigenartig, dass wir uns gegen die Liebe zur Wehr setzen? Wir sind einfach nicht in der Lage, sie anzunehmen. Ist *das* nicht im Grunde das Problem?

Ich hatte vor kurzem das besondere Glück, mit etwa 5000 anderen Menschen zusammen den Dalai Lama in der Royal Albert Hall in London zu sehen. Während jener Veranstaltung konnten die Teilnehmer Fragen stellen und irgendjemand bat Seine Heiligkeit, eine fünfminütige Meditation für den Weltfrieden anzuleiten. Der Dalai Lama fragte das Publikum, ob es dies wirklich wolle, was mit zustimmendem Gebrüll bejaht wurde. Daraufhin erklärte der Dalai Lama sich bereit, die Meditation anzuleiten. Er ließ einfach den Kopf hängen und saß fünf Minuten auf der Bühne, ohne sich zu rühren. Man hätte in dieser kurzen Zeit eine Stecknadel fallen hören können. Es waren ungeheuer kostbare Augenblicke. Ich wünschte mir in jenem Moment, beobachten zu können, welche Auswirkungen diese Meditation auf den Weltfrieden hatte und immer noch hat. Möge meine Schilderung die Wirkung dieses Ereignisses noch weiter verbreiten. Möge sie unablässig der Transformation von Negativität dienen.

Das ist es also, worum es geht: Wenn Sie zunächst Ihre eigene Motivation überprüfen und eine starke positive Absicht formulieren, brauchen Sie der Person, der Ihre Heilungsbemühungen zugute kommen sollen, vielleicht nicht einmal die Hände aufzulegen, denn Sie fördern die Heilung auch so. Und wenn Sie damit fortfahren, heilen Sie ununterbrochen. – Und wenn wir alle dies tun ... ständig? Vergessen Sie die Sechziger: Damals sprachen die Leute nur darüber. Ein Hoch auf die Neunziger: Denn nun beginnen wir wirklich, es umzusetzen. Ich habe dasselbe auch aus dem Munde des Mystikers Andrew Harvey und des Schauspielers Terence Stamp gehört. Es geschieht und Sie sind ein Teil davon – ein Teil der Lösung, nicht des Problems.

Und wenn Sie »es« *nicht* können, dann machen Sie sich klar, dass nur fünf Prozent für das Bewusstsein erreichbar sind. Deshalb ist es im Grunde nicht überraschend, dass es Ihnen schwer fällt, »es« zu tun. Wie wäre es damit, eine Superkraft anzurufen? Mir ist es gleich, ob Sie an Gott, Buddha, Allah oder nichts glauben. Falls Sie sich einer bestimmten Religion zugehörig fühlen, sollten Sie den nächsten Abschnitt überschlagen. Alle anderen sollten ihn lesen.

Selbst ein glühender Atheist glaubt daran, dass es in seiner Macht liegt, Gutes oder Böses zu tun. Ich habe genug Menschen dieser Art behandelt. Allerdings sind sich einige von ihnen nicht über die Macht ihres Unbewussten im Klaren. Ich glaube wirklich, dass es so ist wie bei *Krieg der Sterne*: »Möge die Macht mit euch sein.« Was ist problematisch daran, eine Macht anzurufen, die Dinge wesentlich leichter zu vollbringen vermag als unsere blockierten fünf Prozent? Nur der Stolz unseres Ich lässt uns sagen: »Was für ein Humbug! Ich muss es auf *meine* Weise tun, und das ist nun einmal eine ziemlich langwierige Methode. Ich glaube nicht an solchen Blödsinn. Ich muss einfach leiden.« Was da spricht, ist unsere verwirrte, fehlgeleitete Unabhängigkeit. Aber wenn es bei Ihnen so funktioniert, dann machen Sie so weiter. Falls Sie jedoch *nicht* völlig glücklich sind und falls Sie heilen und geheilt werden wollen, ist es sicherlich einen Versuch wert, sich an die Macht zu wenden.

Einstein hat einmal gesagt: »Nichts von dem, was ich erreicht habe, habe ich durch mein rationales Denken erreicht.« Ich halte diese Bemerkung für faszinierend. Ist es wirklich so schwer, die Kontrolle aufzugeben? Damit meine ich nicht, dass wir uns hinlegen und auf Godot warten sollten. Ich meine nur eine Intention in der folgenden Art: »Wenn ich diesem Menschen meine Hände auflege, mögen die Kräfte des Guten mit mir sein und meine bewussten Stärken vervielfältigen.« Igitt! Sie brauchen ja nicht genau diese Worte zu benutzen, sondern können sich eine Variante ausdenken, die Ihnen zusagt. Sie haben die Wahl. Alles ist in Ihnen. Beginnen Sie da, wo Sie sind.

ZWEITES KAPITEL

Atmung, Meditation
und Beruhigung des Geistes

Nachdem Sie nun gelernt haben, Ihre Motivation und Absicht zu überprüfen, sollten Sie sich auch die Fähigkeit zu Eigen machen, sich Ihre positive Geisteshaltung zu bewahren, damit Sie anderen effektiver helfen können.

Wie Sie das erreichen? Ganz einfach: durch Meditation. Einige wenige Menschen brauchen so etwas nicht. Matthew Manning etwa sagt, dass es ihn an die Decke katapultiert, wenn er meditiert, sodass er dann nichts Vernünftiges mehr tun kann. Doch die meisten anderen Menschen können durch Meditation die Qualität ihres eigenen Lebens und infolgedessen auch die des Lebens anderer verbessern.

Vielleicht gehören Sie nicht zu den Menschen, die sich Gedanken darüber machen, was sie denken. Oder Sie sind jemand, der sich bestimmter Gedanken besonders bewusst ist: beispielsweise der *Überzeugung*, dass Sie nicht gut genug sind, um heilen zu können, oder dass Ihr Geist sich ständig ablenken lässt und dass Sie nicht zentriert zu bleiben vermö-

17

gen. Vielleicht sind Sie auch nervös und verängstigt oder Sie quälen sich mit Gedanken darüber, was Sie eigentlich tun sollten, aber nicht tun. Vielleicht fragen Sie sich auch, was um alles in der Welt in Sie gefahren ist, dass Sie Heiler werden wollen. Oder Sie denken darüber nach, warum Sie dieses Buch lesen, und so weiter und so fort. Im Grunde geht es hier um die Tatsache, dass Ihr Geist ständig von einem Thema zum nächsten springt. Es gibt dafür heute den wundervollen Ausdruck »zappen«. Damit ist ursprünglich gemeint, beim Fernsehen oder Radiohören ständig auf andere Sender umzuschalten. Genau das tun wir auch mit unserem Geist. Wir zappen uns in etwas hinein, dann in etwas anderes und halten dabei nie auch nur für einen Augenblick inne.

Doch wenn Sie einmal gründlicher darüber nachdenken, werden Sie möglicherweise feststellen, dass genau dies die Qualität des gegenwärtigen Augenblicks verringern könnte. Was vergangen ist, ist vergangen, daran besteht gar kein Zweifel. Sosehr Ihr Kopf auch mit Klagen über die Vergangenheit, Schuldgefühlen und Erinnerungen angefüllt sein mag – all das geschieht nicht in der Gegenwart, im Jetzt. Ebenso unnütz ist es, sich um Dinge zu sorgen, die noch nicht geschehen sind, oder über Dinge zu grübeln, die Sie gern erreichen möchten. Vielleicht erinnern Sie sich noch an einen Evergreen von Doris Day: »Que sera, sera; whatever will be, will be« – was auch immer geschieht, geschieht eben. Und doch bemühen wir uns weiter, unsere Umgebung, unsere kleine Welt unserer Kontrolle zu unterwerfen, oder wir versuchen, uns ihr durch Flucht zu entziehen.

In der Meditation geben Sie sich die Erlaubnis zu sitzen. Und falls Ihnen die Vorstellung zu meditieren ein Gräuel ist, dann meditieren Sie eben nicht, sondern sitzen einfach nur da. Meiner Meinung nach ist Meditation mehr als nur der Akt des Sitzens. Heutzutage, da die Zeit so kostbar und die ganze Welt so hektisch geworden ist, hat das Meditieren etwas Revolutionäres. Doch wenn Sie schon einmal so weit gekommen sind, dieses Buch in die Hand zu nehmen und zu lesen, sind Sie auch bereits auf dem Weg zur Lösung und zu einem neuartigen Umgang mit der Zeit. Sie hat ohnehin der Mensch geschaffen. Was *ist* denn jenes Etwas, das Druck genannt wird? Warum glauben wir, im Laufe eines Tages keine zehn Minuten entbehren zu können, in denen wir einfach nur dasitzen? Sind wir denn wirklich alle bedauernswerte Opfer einer strengen, konservativen Arbeitsmoral? Hassen wir alle uns so sehr, dass wir glauben, wir verdienten es nicht, einfach nur dazusitzen? Sind wir alle solche Künstler im Vermeiden, dass wir ständig etwas »tun« müssen? Sind wir alle so besessen vom Glauben an unsere eigene Schuld, dass wir einfach nicht in der Lage sind, uns Zeit zu nehmen und unseren Spaß zu haben? Oder fürchten wir, Meditation könne etwas zum Vorschein bringen, worüber wir nichts wissen wollen? Oder glauben wir, unsere Kinder würden es uns übel nehmen, weil sie auf ein paar Minuten unserer ohnehin knapp bemessenen Zeit verzichten müssen? Vielleicht sind wir aber auch einfach nur träge oder haben Angst, uns zu langweilen.

Wenn ich vor Ärzten oder Krankenpflegern Vorträge halte, bin ich mir völlig darüber im Klaren, dass diese Menschen gestresst und überarbeitet sind. Aber ich schildere ihnen auch, wie mein eigenes Leben aussieht: Ich bin verheiratet, habe drei Kinder, arbeite als Heilerin, halte Vorträge, schreibe Bücher, lehre Meditation, leite eine wohltätige Stiftung, bilde mich weiter – und finde trotzdem zweimal am Tag dreißig Minuten Zeit für das Sitzen. Ich erzähle das nicht, damit man mir Komplimente macht und mich beglückwünscht, sondern um meinen Zuhörern klar zu machen, dass sie das ebenso gut können wie ich.

Wenn Sie sich dazu entschließen, können Sie es. Vor vierzehn Jahren etwa sah mir ein Lehrer tief in die Augen und sagte: »Sie sollten meditieren.« Das machte mir ein wenig Angst und brachte mich auch keineswegs dazu, sofort mit dem Meditieren zu beginnen. Ich versuchte, einmal pro Woche oder Monat ein paar Minuten lang zu sitzen, und dabei blieb es. Etwa vier Jahre später besuchte ich die wundervolle Mutter Ama, eine hinduistische Heilige, die sehr früh in ihrem Leben die Verwirklichung erreicht hat. Sie übermittelt ihren Segen durch eine Umarmung. Wenn es jemals ein lebendes Beispiel für die bereits erwähnte »Superkraft« gegeben hat, dann ist sie es. Sie umarmt an einem Abend mehr als tausend Menschen. Unvorstellbar! Bevor Sie den Versammelten ihren Segen gab, sprach sie einige kostbare Sätze. Ich hörte sie laut und deutlich sagen: »Sie sollten jeden Tag meditieren.« Dies verstand ich als eine persönliche Aufforderung und ich bin ihr seither nachgekommen. Doch verzweifeln Sie nicht, wenn Sie nicht meditieren oder wenn Sie es nicht jeden Tag schaffen. Wenn der richtige Zeitpunkt gekommen ist, werden Sie dazu in der Lage sein. Vielleicht könnten Sie sich ein wenig anstrengen, ohne dass es Ihnen deshalb gleich schwer fällt.

Falls Sie kleine Kinder haben, gebe ich Ihnen den weisen Rat: Lassen Sie die Tür offen. Natürlich werden Ihre Kinder dann zu Ihnen kommen, über Sie krabbeln, Sie unterbrechen, in einem fort plappern und Sie stören – aber sie sind ein Teil der Übung und verstärken deren Wirkung.

Falls Sie alt sind und glauben, Sie hätten »alles« hinter sich und könnten nichts Neues mehr lernen, so ist auch das nicht von Bedeutung: Wenn Sie atmen können, können Sie auch meditieren. Ein Buch des berühmten vietnamesischen Meditationslehrers Thich Nhat Hanh trägt im Englischen den Titel *Breathe, you are alive* (»Atme, du lebst«).

Atmen

Ich habe eine einfache Theorie: Wenn man sich Neugeborene ansieht, stellt man fest, dass sie sehr unbekümmert atmen. Sie atmen einfach ein und aus. Sie atmen natürlich. Sie langweilen sich nicht. Und wenn Sie genauer hinschauen, werden Sie merken, dass sich ihr Bauch beim Einatmen wölbt und beim Ausatmen wieder einsinkt. Im Allgemeinen sind sie völlig glücklich und zufrieden mit dieser einfachen Aktivität, und nur wenn wirklich etwas nicht in Ordnung ist, fangen sie an zu weinen. Es ist für sie kein Problem, das zu tun. Sie weinen, weil sie eine Umarmung, etwas zu essen, etwas zu trinken oder eine neue Windel *brauchen*.

Für gewöhnlich gehen Eltern auf die Bedürfnisse ihrer Babys ein. Doch wenn die Kinder älter werden, bekommen sie einen Schnuller in den Mund gestopft, werden gemaßregelt, gehen zur Schule, absolvieren Prüfungen, legen sich Hobbys zu und entfernen sich allmählich immer weiter von ihrem ursprünglichen, natürlichen Zustand. Irgendwann wissen wir dann nicht mehr, wie wir wieder zu dem Kind werden können, das wir einmal waren. Wir haben es vergessen.

Versuchen Sie nun herauszufinden, wie Sie atmen. Nehmen Sie sich die Zeit dafür. Blättern Sie nicht zum nächsten Kapitel weiter, sondern halten Sie inne und verweilen Sie im Augenblick: *Atmen Sie durch die Nase und den Hals in die Lunge und las-*

sen Sie den Bauch dabei vortreten. Wenn Sie anschließend ausatmen, ziehen Sie den Bauch passiv wieder ein und atmen die Luft aus der Lunge durch Hals und Nase aus. *Kurz gesagt: einatmen, Bauch raus, ausatmen, Bauch rein.*

Falls Sie nicht durch die Nase atmen können, macht das nichts. Wenn Sie es können, umso besser. Falls Sie Sänger oder Sportler sind, kennen Sie die obige Art zu atmen wahrscheinlich schon, und auch einigen anderen Lesern wird diese Technik ziemlich simpel erscheinen.

Falls Sie nicht zu diesen »Experten« gehören, steht das Erlernen dieser einfachen Atemtechnik am Anfang des Wegs zur Selbstheilung und zur Entwicklung der Fähigkeit, andere zu heilen. Diese Übung ist zwar sehr einfach, aber trotzdem ungeheuer wichtig. Versuchen Sie, sie in Ihr Alltagsleben einzubeziehen, indem Sie vor dem Wasseraufsetzen, Kaffeemachen, Autofahren oder Telefonieren immer dreimal durchatmen. Sie atmen dann mehr Leben in sich ein. Atmen Sie jeweils dreimal tief durch, aber übertreiben Sie es nicht, weil Sie sonst hyperventilieren könnten. Wenn Sie so weiteratmen wollen, setzen Sie die beschriebene Atmung einfach im normalen Tempo fort.

Ich besuchte einmal eine Asthmatikerin, die wegen eines schweren Anfalls ins Krankenhaus gebracht worden war, und brachte ihr diese Technik bei: Schon nach wenigen Stunden konnte sie entlassen werden. Sie mögen dies als glücklichen Zufall abtun und ich pflichte Ihnen da auch durchaus bei – aber es *könnte* auch ebenso gut einen Versuch wert sein.

Halten Sie aber nicht krampfhaft daran fest. Wenn Ihnen diese Form der Atmung von Nutzen ist, dann nutzen Sie sie. Wenn nicht, sollten Sie sich etwas anderem zuwenden.

Meditieren

Wenn ich Ihnen hier Empfehlungen zur Meditation gebe, beschleicht mich ein Gefühl der Unzulänglichkeit. Es gibt unzählige Formen der Meditation und man kann arm darüber werden, sie zu erlernen.

Diejenigen, die ich hier beschreiben werde, haben verschiedene große Meister mir im Laufe der Jahre beigebracht. Sie sind zwar sehr einfach, erscheinen mir aber auch als die nützlichsten. Ich möchte Ihnen diese einfachen Anleitungen hier aus einem Gefühl tiefster Dankbarkeit heraus vorstellen und hoffe, dass sie Ihrem Pfad der Heilung ebenso zugute kommen mögen, wie es bei mir selbst der Fall gewesen ist.

Wenn Sie jedoch Gelegenheit haben, die Kunst der Meditation von einem großen Meister zu erlernen, sollten Sie ihn aufsuchen und das im Folgenden Beschriebene nicht weiter beachten.

Anleitung

1. Wenn Sie zu der Überzeugung gelangt sind, dass Meditation »Ihr Ding« ist und Sie sich dauerhaft damit befassen wollen, sollten Sie sich in Ihrer Wohnung oder Ihrem Haus einen Ort suchen, der nur für *Sie* da ist. Machen Sie diesen Ort zu einem geheiligten Raum, zu Ihrem persönlichen Altar. Heiligen Sie ihn mit Weihrauch oder unaufdringlich duftendem Aromaöl, stellen Sie ein paar Blumen auf, falls Sie die Zeit dazu haben, und eine Kerze, falls es Ihnen nicht zu viel Mühe macht, und – was am wichtigsten ist – ein Bild von jemandem oder etwas, der oder das Sie inspiriert. Damit meine ich kein überlebensgroßes Poster von einem Popstar oder einem Pin-up-Girl, sondern ein Bild von Jesus – falls Sie Christ sind –, von Buddha – falls Sie Buddhist sind –, von einem Berg oder einem sehr alten Baum, falls Sie keiner Religion anhängen, oder ein Bild von irgendetwas anderem, das Sie anspricht. Sie können das Bild später auch austauschen, falls sich herausstellen sollte, dass es seine Funktion nicht erfüllt, und dies so lange weiter ausprobieren, bis Sie ein geeignetes Objekt gefunden haben. Den richtigen Ort zu finden und dort eine besondere Atmosphäre zu kreieren ist schon allein eine Entdeckungsreise. Allerdings erfordert es unsere geschäftige Zeit manchmal, auf Dekoration zu verzichten. Falls Sie also ständig stark beschäftigt sind, können Sie dies alles auch weglassen.

Ein großer tibetischer Meister, Ato Rinpoche, hat einmal darüber gesprochen, wie sehr er die modernen Reisemöglichkeiten genieße. Er erzählte über einen Flug von Thailand nach England. Während dieses Fluges wurde sein Sitznachbar im Flugzeug nicht müde, ihm Zeitschriften und etwas zu essen anzubieten und mit ihm zu reden.

Dieser Mensch verstand einfach nicht, dass es dem Rinpoche völlig ausreichte, einfach zu meditieren: stundenlang zu sitzen und nichts anderes zu tun, als auf den Sitz vor ihm zu starren. Wie Rinpoche darüber lachte! Ich bin mir sicher, dass er sich nicht gelangweilt hat.

2. Suchen Sie sich einen Ort, an dem Sie bequem sitzen können. Falls Sie in der Lage sind, mit überkreuzten Beinen auf einem Kissen zu sitzen, ist das gut; Sie können aber auch einfach auf einem Stuhl sitzen. Wichtig ist, dass Ihr Rücken sich in aufrechter Haltung befindet; die Wirbelsäule sollte nicht unnatürlich »gerade« sein, sondern ihrem natürlichen Verlauf folgen dürfen. Entspannen Sie Schultern und Arme, legen Sie die Hände auf die Knie und halten Sie den Mund leicht geöffnet, als hätten Sie ein Reiskorn zwischen den Lippen. Die Zunge ruht am Gaumen. Probieren Sie dies so lange aus, bis Sie das Gefühl haben, dass es richtig ist, und bis Sie sich wohl fühlen. Falls Sie feststellen, dass noch irgendetwas stört, können Sie sich erneut bewegen.

3. Lassen Sie die Augen geöffnet. Obwohl manche Menschen dies als merkwürdig empfinden, ist es wichtig, die Welt weder auszublenden noch ihr zu entfliehen, sondern einfach bewusster zu werden. Außerdem soll eine Verbindung zwischen den Augen und der Seele entstehen. Und drittens sollen Sie nicht einschlafen. Falls Sie es als sehr unangenehm empfinden, die Augen geöffnet zu lassen, können Sie die Augenlider leicht senken, ohne die Augen jedoch völlig zu verschließen.

4. Entwickeln Sie das Gefühl, einem Berg zu gleichen: Ein Berg wirkt inspirierend und braucht sich nicht darum zu bemühen, so zu sein, wie er ist. Falls es Ihnen lieber ist, können Sie sich auch vorstellen, Sie seien ein Tiger, der gerade zum Sprung ansetzt. Ein Tiger kann nicht losspringen, wenn er völlig verkrampft ist. Er ist elegant, wach und entspannt.

5. Lassen Sie Ihren Geist »sich setzen«, so wie sich Schlamm am Grund eines Teiches absetzt oder Sediment auf dem Boden einer Weinflasche. Beobachten Sie, wie Ihre Gedanken kommen und gehen, doch versuchen Sie, sich nicht in einen inneren Dialog verwickeln zu lassen. Beobachten Sie Ihre Gedanken: »Aha, da ist ein Gedanke, und da ist ja noch einer.« Vergegenwärtigen Sie sich, dass es lediglich Gedanken sind, und versuchen Sie, diesen Gedanken nicht zu folgen. Wenn Ihnen plötzlich

einfällt, dass Sie zum Supermarkt gehen und dort ein Kilo Kartoffeln und eine Flasche Olivenöl kaufen müssen, Sie sich vorstellen, wie Sie an der Kasse stehen, entdecken, dass Sie nicht mehr genug Geld bei sich haben, sich fragen, wo Sie Ihre Kreditkarte gelassen haben, und Ihnen ebenso plötzlich auch wieder in den Sinn kommt, dass Sie eigentlich meditieren sollten – dann sollten Sie zurückkehren ins »Hier und Jetzt«. Werden Sie nicht wütend auf sich, weil Sie abgeschweift sind, denn das wäre völlig unnütz. Achten Sie einfach darauf, dass Sie ausatmen – oder, noch viel besser: Atmen Sie einfach aus.

6. Und kehren Sie immer wieder zum Ausatmen zurück. Versuchen Sie, ein Gefühl von Raum entstehen zu lassen, so als glichen Ihre Gedanken Wellen und Sie selbst einem Teil des Meeres, oder als wären Ihre Gedanken Wolken gleich und Sie ein Teil des Himmels. Die Wolken kommen und gehen, doch der Himmel ist immer da, auch wenn Sie ihn nicht immer sehen mögen!

Das ist alles.

Ich halte Meditation für das wirksamste Heilungswerkzeug überhaupt. Sie übertrifft alles, was Menschen Ihnen geben können, und sie wird stärker und wirksamer, je häufiger und intensiver Sie sich ihr widmen. Wenn Sie meditieren, während es Ihnen gut geht, baut die Meditation eine Datenbank für Situationen auf, in denen es Ihnen *nicht* gut geht. Falls es Ihnen zur Zeit nicht gut geht, können Sie sofort mit dem Aufbau der Datenbank beginnen. Ziel der Meditation ist es, sich an das Sein, das kostbarste aller Geschenke, zu gewöhnen. Falls Sie in Amerika leben und sich entschließen, an einem Kurs von Jon Kabat-Zinn teilzunehmen – einem berühmten Arzt, der seinen Patienten beibringt zu meditieren –, müssen Sie sich verpflichten, sechs Wochen lang zweimal täglich fünfundvierzig Minuten lang zu meditieren. Jon hat die Erfahrung gemacht, dass die Kursteilnehmer nach dieser Zeitspanne für gewöhnlich kein Bedürfnis mehr verspüren, damit wieder aufzuhören. Da ich in England lebe, bin ich wesentlich zurückhaltender als er und empfehle Ihnen deshalb, mit zweimal täglich zehn bis zwanzig Minuten zu beginnen. Probieren Sie es aus. Es lohnt sich.

DRITTES KAPITEL

Visualisieren

Es gibt Menschen, die nicht länger als ein paar Sekunden stillsitzen können. Das fördert die Meditation nicht unbedingt! Noch einmal möchte ich Ihnen daher dringend nahe legen, diese Fähigkeit zu entwickeln, selbst wenn Sie es immer und immer wieder versuchen müssen. Wenn es Ihnen trotzdem einfach nicht gelingen will, brauchen Sie nicht zu verzweifeln, denn es gibt auch andere Methoden. Visualisationen oder wie auch immer man sie nennen mag, gibt es in großer Vielfalt, und ihre Wirkung kann sehr unterschiedlich sein. Auch sie sind eine Form von Meditation und außerdem eine Form des Geistestrainings.

Falls Sie sich mittlerweile fragen sollten, warum wir uns mit all diesem Hokuspokus beschäftigen, obwohl Sie sich doch eigentlich nur für das Heilen interessieren, lautet die Antwortet: All dies sind wichtige Voraussetzungen für die Entwicklung Ihrer angeborenen Heilungsfähigkeit. Je reiner Ihr Geist ist, desto reiner vermag er auch zu heilen. Ich möchte hier nicht zu philosophisch werden, aber der folgende Satz, den ich einmal gehört habe, hat mich zutiefst beeindruckt: »Empfinden Sie einen Albtraum oder einen guten Traum nach dem Aufwachen als genauso real wie Ihre alltägliche Wirklichkeit?«

Vielleicht ist das, was wir als real empfinden, in Wahrheit gar nicht so real. Vielleicht hängen wir zu sehr an dem, was *wir* wahrnehmen, an der Art, wie *wir* die Dinge sehen. Wenn wir in einer negativen geistigen Verfassung gefangen sind, verharren wir entweder in diesem Zustand oder neutralisieren ihn durch Vermeidungsverhalten oder durch Fluchtaktivitäten. Wenn es uns aber gelänge, uns dessen bewusst zu werden, wo unser Geist festsitzt, und wir versuchen würden, die Negativität abzuschütteln – wäre das dann nicht sehr nützlich? Unsere Stimmungen sind zäh und klebrig. Wie wäre es, wenn wir trainieren könnten, sie leichter zu machen? Diese Idee mag physikalisch nicht haltbar sein, doch erscheint es mir plausibel, dass Dunkelheit schwerer und Helligkeit leichter ist.

Als junge Frau hörte ich einen Witz über ein wichtiges Fußballspiel, das abends bei Flutlicht stattfand. Die Zuschauermenge grölte, das Spiel war in vollem Gang – da ging plötzlich das Licht aus. Alle Versuche, es wieder einzuschalten, misslangen. Schließlich wandten sich die Veranstalter an das Publikum: »Ist jemand unter Ihnen, der uns helfen kann?« Ein Chinese trat vor. Die Veranstalter wunderten sich und zweifelten daran, dass der Mann

32

dazu in der Lage war, doch da sich außer ihm niemand gemeldet hatte, beschlossen sie, ihm eine Chance zu geben. Der Chinese ging in die Mitte des Spielfeldes und stellte dort den Anwesenden über Mikrofon die Frage: »Möchtet ihr alle, dass das Spiel fortgesetzt wird?« Das Publikum brüllte zustimmend. »Dann hebt bitte die Hände.« Als daraufhin alle die Hände in die Luft streckten, ging das Licht wieder an. Man bat den Chinesen, dieses Rätsel zu erklären. Er zitierte daraufhin ein altes chinesisches Sprichwort auf Englisch: »Many hands make light work.«

Ich weiß nicht, warum ich einen so banalen Witz behalten habe, aber ich vermute, die Attraktion des Magischen ist der Grund. Es gibt viel Alltägliches in unserem Leben, aber auch viel Magisches, wenn wir es nur zulassen oder wenn wir es wahrzunehmen vermögen. Außerdem gefällt mir die Vorstellung, dass der Geist einer Gemeinschaft als Ganzes Großes zu bewirken vermag. Ich versuche Ärzte immer wieder dazu zu bringen, wöchentliche Gruppenworkshops durchzuführen. Warum? Weil heute so viele Menschen einsam und isoliert sind. Alle Heilung der Welt wird ihr Gefühl der Isolation nicht beheben können. Doch wenn diesen Menschen klar würde, dass sie nicht allein sind, würden sie sich viel besser fühlen. Ich kenne ungeheuer viele Menschen, deren Talente brachliegen. Sie alle könnten der Gesellschaft, in der sie leben, sehr nützlich sein.

Ich möchte Sie bitten, die folgende Visualisation auszuführen. Mir wurde immer wieder bestätigt, dass sie sehr wirksam ist; so berichteten mir zwei Frauen, dass sich nach mehrwöchiger Übung bei ihnen erstaunliche Resultate einstellten. Beide hatten seit Jahren unter dem chronischen Erschöpfungssyndrom gelitten. Als ich das letzte Mal mit ihnen sprach, hatte sich der Zustand der einen so weit gebessert, dass sie eine Stelle bei der Post übernehmen konnte, und die andere, die zehn Jahre abgeschottet von der Umwelt zu Hause verbracht hatte, hatte einen Kurs in Reflexzonenmassage begonnen.

Ich erwähne diese Beispiele nur, um Sie zu ermutigen. Dabei ist mir natürlich völlig klar, dass die Erfahrungen dieser Menschen keine Beweise im strengen Sinne, sondern nur Erfahrungsberichte sind. Ich habe diese Visualisation allerdings auch bei zahlreichen Workshops verwendet und sie hat vielen Menschen geholfen, aufgestaute Emotionen zum Ausdruck zu bringen.

Die Visualisation
Bevor Sie beginnen, sollten Sie erwägen, den folgenden Text auf Band aufzunehmen, sodass Sie ihn abspielen können, wenn Sie zwanzig Minuten zur Verfügung haben. Bei der Aufnahme sollten Sie unbedingt darauf achten, möglichst langsam zu sprechen.

■ Machen Sie sich keine Sorgen, wenn Sie nicht »sehen«, was Sie visualisieren. Einfach nur daran zu denken ist ebenso wirksam.

■ Wenn Sie während der Visualisation an etwas Bestimmtes denken sollen und es Ihnen schwer fällt, dann geraten Sie nicht in Panik, sondern machen Sie sich nur bewusst, dass Sie blockiert sind, und denken Sie später darüber nach.

■ Falls Ihnen in einer bestimmten Passage zwei Bilder einfallen, sollten Sie das eine jetzt und das andere bei einer späteren Wiederholung der Visualisation benutzen.

Legen Sie sich bequem hin, schließen Sie die Augen und entspannen Sie sich.

Stellen Sie sich eine Kugel aus strahlend weißem Licht über Ihrem Kopf vor. Die Kugel besteht aus Regenbogenlicht und ist nicht von fester Konsistenz, sondern von einer wunderschönen transparenten Regenbogenqualität. Sie sehen ihr helles Leuchten.

Sie leuchtet so hell, dass Sie den Wunsch haben, in sie hineinzuklettern und sich hineinzusetzen. Sie betreten sie allein, können aber einen bequemen Stuhl mitnehmen oder, falls Ihnen das lieber ist, den Boden so formen, dass er sich Ihrem Körper perfekt anpasst. Sorgen Sie dafür, dass Sie in der Kugel aus strahlend weißem Licht möglichst bequem sitzen. Sobald Sie sitzen, beginnen Sie, so tief wie möglich einzuatmen und die Luft anschließend mit einem lauten Seufzer wieder auszustoßen.

Dann stellen Sie sich ein Bild vor, das Ihnen besonders gefällt: eine Naturszenerie – die Sonne, das Meer, die Berge oder Wiesen oder Wälder –, was immer Ihnen am liebsten ist. Stellen Sie sich das Bild wirklich anschaulich vor und untersuchen Sie es vom Zenit des Himmels bis hin zum Boden.

Nehmen Sie sich Zeit für diese Untersuchung. Lassen Sie zu, dass sich das Bild nach links und rechts ausdehnt, und stellen Sie sich schließlich vor, dass Sie an der Rückseite Ihres Kopfes, Ihres Körpers Augen haben. Stellen Sie sich vor, Sie könnten rundum sehen und stünden inmitten einer überwältigenden Szene. Nun atmen Sie wieder so tief wie möglich ein und stoßen die Luft mit einem lauten Seufzen aus.

Als Nächstes stellen Sie sich Ihren Lieblingsduft vor. Bringen Sie diesen Duft in die Kugel aus Licht. Nun stellen Sie sich Ihren Lieblingsgeschmack vor – Mango oder Schokolade oder Champagner, was auch immer es sein mag – und bringen Sie auch ihn in die Kugel aus Licht.

Nun stellen Sie sich Ihren Lieblingsklang vor – Beethovens Neunte, gluckerndes Wasser oder was auch immer – und bringen Sie diesen ebenfalls in die Kugel aus Licht. Nun stellen Sie sich vor, was das schönste Gefühl für Ihren Tastsinn ist – die Haut eines Babys, Moos, was auch immer –, und bringen Sie auch dieses Gefühl in die Lichtkugel. Sie befördern also all diese herrlichen Sinneseindrücke in die Lichtkugel und machen sie so zu Ihrem heiligen Raum.

Ihr heiliger Raum enthält nun alle Sinneseindrücke, die Sie als etwas ganz Besonderes empfinden: den schönsten Anblick, Geruch, Geschmack, Klang und das schönste Tastgefühl. Atmen Sie all dies so tief wie möglich ein und lassen Sie die Luft anschließend mit einem lauten Seufzen entweichen.

Was Ihnen nun noch fehlt, ist das perfekte Gefühl. Versetzen Sie sich, wenn Sie können, für einen Augenblick in Ihre Kindheit zurück, beispielsweise in die Situation, in der Sie zum ersten Mal im Meer geschwommen sind oder in der Schule beim Sackhüpfen gewonnen haben oder ein vierblättriges Kleeblatt fanden. Was immer es gewesen sein mag, Sie fühlten sich dabei sehr glücklich, Ihre Wangen waren rot, Sie strahlten vor Freude und fühlten sich völlig sorglos. Und dann befördern Sie auch dieses Gefühl in die Lichtkugel.

Nun erinnern Sie sich an einen Augenblick wie den, als Sie sich zum ersten Mal verliebten: an die Situation, in der Sie die ganze Nacht über getanzt haben; in der Sie das Gefühl hatten, dass die Texte aller Songs einzig und allein für Sie geschrieben worden seien; in der Sie unerschöpfliche Energie verspürten; in der Sie ununterbrochen lächelten und dachten, nur Sie wüssten, wie es ist, so verliebt zu sein. Sie fühlten sich damals wie in einem Liebesroman und glaubten, dieses Gefühl würde Sie nun Ihr ganzes Leben lang begleiten. Befördern Sie auch dieses Gefühl in den Lichtball.

Dies ist Ihr heiliger Raum, Ihr Heilungsraum, ange-
füllt mit Dingen, die Sie als vollkommen empfinden.
Zwar wird dieses Gefühl nicht unbedingt für alle Zeit
bestehen bleiben, ebenso wenig wie die scheinbar uner-
schöpfliche Energie. Aber der Lichtball bleibt für alle Zei-
ten bestehen und er frischt seine Reserven an nie enden-
der Liebe und Heilkraft ständig auf.

Deshalb sollen Sie sich nun eine Öffnung auf Ihrem
Scheitel vorstellen, die so breit wie der Stengel einer Blu-
me ist und zu dem Lichtball führt. Und aus dem Lichtball
fließt ein Tropfen Licht: Ihr heilendes Licht.

Stellen Sie sich vor, dass dieser Lichttropfen in Ihren
Kopf fließt, dann noch ein Tropfen und noch ein Tropfen,
bis ein ununterbrochener Strom dieses vollkommenen
heilenden Lichtes aus der Kugel in Ihren Kopf fließt und
Sie heilt. Stellen Sie sich vor, dass diese Energietropfen
durch Ihre Kehle abwärts strömen, durch Brust und Lun-
ge, weiter hinab durch den Bauch, durch die Fortpflan-
zungsorgane und durch die Beine in die Füße.

Und dann stellen Sie sich vor, dass sich die Erde unter
Ihnen öffnet und aus Ihren Füßen Ihr körperlicher, geis-
tiger, emotionaler oder spiritueller Schmerz in Form von
schwarzem Öl oder Dünger in den Boden fließt.

Nun stellen Sie sich noch einmal vor, dass von einem
Punkt über Ihrem Kopf das Licht in Sie hineinströmt,
durch Hals, Schultern, Arme und Finger, hinab durch
Ihre Wirbelsäule, wie es sich durch Ihre Wirbel aus-
breitet und dann durch das Kreuzbein in die Waden und
Zehen fließt, wo es all Ihren Schmerz in Form von

schwarzem Öl oder Dünger aus Ihrem Körper in den Boden abfließen lässt.

Stellen Sie sich das Licht noch einmal vor, wie es einem Wasserfall ähnlich durch Ihren Körper abwärts fließt. Falls Ihnen die Vorstellung zusagt, können Sie sich eine Bürste aus sanftem heilendem Licht vorstellen, die Ihre stärksten Blockaden reinigt und auflöst, Dinge, die zuvor noch niemand erreicht hat. Lassen Sie den Widerstand los. Lassen Sie zu, dass das Licht Sie fließen lässt. Lassen Sie es die Teile von Ihnen erreichen, die nichts anderes erreicht. Lassen Sie es durch die Vorder- und Rückseite Ihres Körpers fließen und auch durch die Mitte, durch das Innere und das Äußere. Befördern Sie Ihren Widerstand entschlossen durch die Fußsohlen aus Ihrem Körper und sehen Sie zu, wie Dünger oder schwarzes Öl herausfließt.

Und dann stellen Sie sich noch ein letztes Mal vor, wie ein Wasserfall heilenden Lichtes Sie durchfließt, bis auch der letzte Rest von Schmerz aus Ihrem Körper entfernt ist. Dann schließt sich die Erde wieder und Sie danken ihr dafür, dass sie Ihren Schmerz aufgenommen hat. Sie bleiben im Licht zurück und fühlen sich ein wenig wie die Astronauten, als sie auf dem Mond herumsprangen ...

Wie geht es Ihnen nun? Fühlen Sie sich ruhiger? Das hoffe ich, und ich hoffe auch, dass Sie diese Visualisation immer wieder anwenden und auf Ihre augenblickliche Situation abstimmen werden. Sie brauchen sie nicht immer genau gleich auszuführen;

Sie können sie auch so stark vereinfachen, wie Sie wollen, und im Laufe des Tages eine verkürzte Version benutzen.

Menschen, die andere heilen möchten, können nun damit beginnen, jene anderen mit dem weißen Licht zu behandeln. Sie werden anderen Menschen jedoch nicht immer auf die Weise helfen können, wie sie es wollen. Wenn Sie beispielsweise auf der Straße beobachten, wie jemand bei einem Unfall verletzt wird, verfügen Sie möglicherweise nicht über die erforderlichen Vorkenntnisse, um den Betreffenden verbinden zu können. Doch Sie können ihm problemlos weißes Licht schicken und ihn darin baden lassen. Das ist besser, als nichts zu tun, und sicherlich *einen Versuch wert*.

Als ich einmal in Indien war, empfahl mir jemand, ich sollte die Bettler dort in Licht baden. Ich konnte ihnen nicht immer Geld geben, aber zumindest gab es *etwas*, das ich tun konnte. Und zumindest hatte *ich* danach ein besseres Gefühl. Ich erinnere mich an einen Tag, an dem ich mich in einem Pendlerzug in Bombay darin übte, den Menschen Licht zu senden. Ich saß unschuldig da und sandte mein Licht aus, als ich plötzlich am anderen Ende des Waggons einen Sadhu bemerkte, einen Menschen, der sein weltliches Leben aufgegeben hat, um sich spirituellen Zielen zu widmen. Der Sadhu starrte mich an. Dann nickte er mir zu, blinzelte und fing an zu lachen. Möglicherweise war er ein bisschen verrückt, doch ich vermutete, dass er mein Licht spürte und mir dies zu verstehen geben wollte.

Sie können diesen letzten Absatz auch streichen, wenn Ihnen diese Vorstellung zu »versponnen« oder »esoterisch« erscheint ... Wer weiß? Sicherlich ist sie nützlicher, als negative Gedanken auszusenden.

Sollen Sie also nun Meditation *und* Visualisation üben? Vielleicht werden Sie feststellen, dass Ihnen das eine mehr liegt als das andere, oder vielleicht bevorzugen Sie eine ganz andere Methode – auch das ist völlig in Ordnung. Wenn Sie das Gefühl haben, dass es Ihnen völlig reicht, nur Meditation und/oder nur Visualisation zu üben, dann können Sie dieses Buch nun zur Seite legen. Falls Sie sich jedoch auch noch in anderer Hinsicht weiterentwickeln wollen, empfehle ich Ihnen, die Lektüre fortzusetzen.

VIERTES KAPITEL

Sich in die Situation des anderen versetzen

Wenn Sie wirklich die Effektivität Ihres Heilens steigern wollen, sollten Sie sich darin üben, sich in den anderen hineinzuversetzen. Es gibt einen Meister, der vierzig Jahre lang ausschließlich dies übte. Falls Sie befürchten, sich dabei zu langweilen, sollten Sie daran denken, was wir über das Zappen gesagt haben.

Die Übung des Austauschs zu beschreiben ist sehr einfach; doch umso schwieriger ist es, ihn *wirklich* auszuführen und vor allem kontinuierlich über lange Zeit zu praktizieren. Falls sich am Anfang kein Erfolg einstellt, sollten Sie es immer wieder damit versuchen. Doch zunächst ein paar Hintergrundinformationen darüber, weshalb diese Übung so wichtig ist.

Meinem Gefühl nach ist die Ursache der meisten Probleme auf der Welt, dass wir alle auf unsere eigene Position fixiert sind, dass wir uns und unsere Sichtweise für ungeheuer wichtig, ja sogar einzig und allein gültig halten. Wenn jemand uns verletzt, reagieren wir darauf für gewöhnlich, indem wir denken

43

oder auch sagen: »Dieser Flegel! Wie kann er es wagen, sich so zu benehmen! Wie kann er nur so schrecklich sein? Ich bin im Recht und ich weiß ganz genau, dass er Unrecht hat.« Vielleicht fühlen wir uns auch so überlegen (oder unterlegen), dass wir es gar nicht einsehen, uns mit dem Problem auch nur zu beschäftigen; deshalb vergraben wir es in unserem Unbewussten. Oder wir richten unsere Wut auf jemand anderen – meist auf jemanden, der schwächer als wir selbst und völlig unschuldig ist.

Wie auch immer die Bemerkung, die uns in Rage bringt, lauten mag, der Schmerz, den wir deshalb empfinden, ist auf unsere persönliche Interpretation des Gesagten zurückzuführen, also darauf, dass wir die Äußerung sofort aus unserer eigenen Perspektive beurteilen, statt die Sichtweise des anderen erst einmal an uns heranzulassen. Wir bleiben unserer eigenen Sicht auch weiterhin verhaftet und oft wirkt eine Verletzung deshalb noch lange nach der Lösung des ursprünglichen Problems. Wir lieben dann etwas weniger, ziehen uns etwas stärker zurück und lassen das, was uns gekränkt hat, einfach nicht los. Wir haften weiter an etwas, das längst Vergangenheit ist. Dass sich ungeachtet unserer persönlichen Vorlieben ohnehin alles verändert, vergessen wir darüber.

Nehmen wir an, Sie fragen eine Freundin: »Glaubst du, dass ich dieses Hemd morgen tragen kann?« Sie antwortet darauf: »Nein, ich glaube, du würdest in dem blauen besser aussehen.« Vielleicht kommt Ihnen in solch einer Situation als Erstes in den Sinn, dass diese Frau Ihnen nicht gönnt, dass Sie gut aussehen oder dass sie keinen guten Geschmack in Kleidungsfragen hat. Sie bereuen deshalb, ihr die Frage überhaupt gestellt zu haben, und sind sich sicher, dass sie Unrecht hat und Sie Recht haben. Sie sind also darauf fixiert, die Dinge auf Ihre Weise zu sehen. Wenn Sie mit Ihren Schlüssen nicht ganz so schnell wären, würden Sie vielleicht bemerken, dass Ihre Freundin mit der Erläuterung ihrer Ansicht noch nicht fertig ist, sodass Sie hören könnten: »Andrew wird morgen das Gleiche anziehen und ich glaube nicht, dass es dir recht wäre, wenn er dir die Show stehlen würde, denn schließlich bist du ja der Hauptredner.«

Mir ist klar, dass dieses Beispiel banal ist und dass Sie wahrscheinlich nicht so reagieren würden, wie ich es Ihnen unterstellt habe. Doch unterscheidet es sich wirklich so stark davon, wie sich die Politiker in den Medien präsentieren? Am einen Tag tadeln die Abgeordneten der Opposition die politischen Gegner wegen ihres schlechten Stils und verweisen auf ihre eigene blitzsaubere Weste; und wenn am nächsten Tag die regierende Partei abgelöst und in die Oppositionsrolle befördert wird, beginnt sie sofort, der neu gewählten Partei dieselben Fehler vorzuwerfen.

Ich habe lange die Nachrichten verfolgt, weil ich es für wichtig hielt, über die politischen Entwicklungen auf dem Laufenden zu bleiben. Einmal hätte ich mich fast selbst in einen politischen Skandal hineinziehen lassen, als einem Politiker, den ich kannte, ein sehr freizügiges Liebesleben zur Last gelegt wurde. Alle interessierten sich plötzlich für ihn und ich hätte auch meine Geschichte gut verkaufen können: Denn ich hatte miterlebt, wie man ihn an seinem einundzwanzigsten Geburtstag in eine mit Gelatine gefüllte Badewanne geworfen hatte. Wäre das kein gefundenes Fressen für die Boulevardzeitungen gewesen? Mir wurde plötzlich klar, wie leicht man in die Falle gehen kann, indem man sich die Perspektive der Masse zu Eigen macht. Mir wurde damals bewusst, dass ich eine unter Tausenden war, die Journalisten und Politiker dazu ermutigten, mit ihren Spielen fortzufahren, und dass ich drauf und dran war, es ihnen gleichzutun, um meine eigene »Wichtigkeit« zu unterstreichen.

Nachdem ich das durchschaut hatte, gewöhnte ich es mir ab, die aktuellen Nachrichten zu verfolgen – mit dem Ergebnis, dass ich nun beim geistreichen Schlagabtausch in Gesellschaft nicht mehr mithalten kann.

Natürlich wird diese persönliche Entscheidung von mir die Welt nicht verändern – abgesehen davon lässt sich die Welt ohnehin nicht so leicht verändern. Eine Freundin von mir lebte sieben Jahre in einer Einsiedelei. Sie erzählte mir, vor Beginn dieser Zeit hätten die Politiker schon miteinander gestritten und danach hätte sie festgestellt, dass zwar die Politiker gewechselt, aber immer noch über die gleichen Themen gestritten hätten. Nichts hatte sich verändert. Und mehr noch: Sie hatte einen ganzen Krieg nicht mitbekommen! In China gab es Meditierende, die dort seit der Wende zum 20. Jahrhundert in Höhlen lebten. Als einige von ihnen schließlich irgendwann aus ihren Höhlen kamen und von – wem wohl? – Journalisten befragt wurden, fragten sie zurück: »Mao? Wer ist Mao?«

Aus der Perspektive solcher Menschen sind unsere Probleme vermutlich nicht so riesig, wie sie uns erscheinen mögen. Und weil viele Hände Licht leuchten lassen (beziehungsweise die Arbeit leicht machen), sollten wir vielleicht damit beginnen, unser eigenes Inneres zu reinigen. Dazu sollten wir uns zunächst einmal ein wenig lockern. Wir können mit dem altbekannten Trick beginnen, in einem Hubschrauber in die Luft emporzusteigen und auf uns selbst hinabzuschauen. Wie klein wir doch aus dieser Perspektive wirken! Und doch haften wir an unserem Schmerz, der Art, wie wir die Dinge sehen.

Deshalb ist es zumindest für mich persönlich unverzichtbar, meinen Geist so zu trainieren, dass er lernt, seine Blockaden zu überwinden. Und dies erfordert ein ziemlich hartes Training! Was sollen wir also tun? Beginnen Sie und probieren Sie es einfach aus.

Die Übung des Austauschs

Stellen Sie sich vor, dass jemand, den Sie gut kennen, vor Ihnen steht. Jemand, dem Sie helfen wollen. Jemand, der unter Schmerzen leidet. Um was für eine Art von Schmerzen es sich handelt, spielt keine Rolle. Sitzen Sie ein paar Minuten einfach da und schauen Sie den anderen an. Schauen Sie, wie diese Person aussieht, wie sie gekleidet ist, von welcher Farbe ihre Haut ist. Betrachten Sie den Punkt auf ihrer Nase und ihre ungeputzten Schuhe. Tun Sie nichts, sondern stellen Sie nur Kontakt zur äußeren Erscheinung Ihres Gegenübers her.

Nach wenigen Minuten fangen Sie an zu spüren, wie es ist, so wie dieser andere Mensch zu sein. Stellen Sie sich vor, im Körper dieser Person zu sein, ihr Leben zu führen, ihre Gefühle zu haben. Versuchen Sie, die Dinge aus der Perspektive dieses anderen Menschen zu sehen statt aus ihrer eigenen. Stellen Sie sich vor, Sie hätten die Probleme des anderen.

Wenn die Mauer zwischen Ihnen und der anderen Person zu fallen beginnt, verstehen Sie diesen anderen ein wenig besser und sind in der Lage, ein wenig stärker auf ihn als auf sich selbst zu fokussieren. Sobald dies eintritt, beginnen Sie, den Schmerz des anderen als schwarzen Rauch einzuatmen und ihm mit dem Ausatmen Licht zu senden. Ob Sie den Rauch sehen können, ist nicht so wichtig; entscheidend ist die zugrunde liegende Vorstellung, die Tatsache, dass Sie die Schmerzen des anderen Menschen einatmen und ihm beim Ausatmen Licht zuführen. Setzen Sie dies eine Weile fort.

Wenn Ihr Geist abschweift, brauchen Sie sich keine Sorgen darüber zu machen; Sie sollten jedoch immer wieder zum ursprünglichen Fokus zurückkehren. Und wenn Sie meinen, genug für diesen Menschen getan zu haben, dann wenden Sie sich im Geiste einem anderen Menschen zu, dem Sie helfen wollen: einem Obdachlosen, einem Flüchtling aus dem Kosovo, dem geschiedenen Paar am anderen Ende der Straße, dem Mann in Afrika, der morgens aufsteht, mit einem Wasserbehälter losgeht und nach Regenwolken Ausschau hält ...

Und nun weiten Sie diese Sichtweise, wenn Sie können, auf alle Menschen in der Welt aus, die Schmerz empfinden, die trauern, die gelitten haben, die wütend sind. Atmen Sie den Schmerz von ihnen allen ein und atmen Sie weißes Licht in die ganze Welt aus.

Lassen Sie zum Abschluss Ihren Geist wieder zur Ruhe kommen. Wenden Sie dazu die einfache Meditationsübung aus Kapitel 2 an (siehe Seite 25). Und lassen Sie einfach los.

Das ist schon alles – zumindest, was die Form betrifft. Sicher ist Ihnen schon jetzt klar, dass Sie dies jederzeit und überall praktizieren können. Wenn Sie mit Ihrem Partner streiten, atmen Sie den Schmerz des anderen ein, seine Isolation, und führen ihm beim Ausatmen Licht zu. Wenn Sie bei sich selbst eine starke Blockade bemerken – beispielsweise Wut, Eifersucht oder Hass –, können Sie dieses Gefühl visualisieren: etwa als ein Stück Kohle, als Eiswürfel, als brennenden roten Ball oder was auch immer Ihnen einfällt. Atmen Sie das so umgewandelte Gefühl als schwarzen Rauch ein und führen Sie ihm beim Ausatmen Licht zu.

Wenn jemand Sie wegen seiner kranken Mutter anruft, dann atmen Sie den Schmerz der Mutter als schwarzen Rauch ein, übermitteln Sie ihr beim Ausatmen Licht und tun Sie das Gleiche auch für die Person, die Sie angerufen hat. Wenn im Supermarkt ein Baby brüllt und die Mutter wartet verzweifelt in der Schlange vor der Kasse, dann atmen Sie das Unbehagen der beiden ein und übermitteln Sie ihnen beim Ausatmen Licht. Es wirkt! Und Sie stecken sich dabei nicht an, obwohl dies eine weit verbreitete Angst ist. Ich merke immer noch gelegentlich, dass es mir widerstrebt, das Leiden eines Menschen einzuatmen, der erkältet ist. Das muss wohl etwas mit der alten Gewohnheit zu tun haben, sich abzuwenden, wenn jemand in nächster Nähe niest.

Das Merkwürdigste ist: Wenn Sie selbst sich ziemlich schlecht fühlen, es jedoch schaffen, sich aus Ihrer Apathie zu befreien, und sich lange genug auf das Problem eines anderen Menschen konzentrieren, fühlen Sie sich irgendwann besser und haben selbst mehr Energie. Die Beschäftigung mit dem Problem des anderen hindert Sie daran, nur auf sich selbst zu fokussieren und so in die Falle Ihres Ichs zu gehen.

Was überhaupt ist denn das Ich – und wo ist es? Wenn Sie Ihren Körper systematisch durchgehen, wo finden Sie dann den Teil, der »Ich« ist? In Ihrem Bein, Ihrem Arm, Ihrem Kleinhirn? Suchen Sie nur weiter und strengen Sie sich dabei wirklich an. Selbst die medizinische Forschung ist noch keinen Schritt darin weitergekommen, das »Ding« zu lokalisieren, das es dem menschlichen Körper ermöglicht, den Arm zu heben. Es *gibt* definitiv kein solches »Ding«. Sehr interessant ...

Auch wenn Sie selbst noch nicht die Erfahrung gemacht haben, dass Sie aus mehr bestehen, als Ihre Augen zu sehen vermögen, sind Sie vielleicht in der Lage, den Inhalt der nachfolgenden Kapitel (zumindest probehalber) an sich heranzulassen. Alles, was darin beschrieben wird, ist für Sie bestimmt, für jeden Menschen – Sie brauchen also kein Übermensch zu sein, um mit der Arbeit zu beginnen. Sie sind dazu in der Lage. Üben Sie einfach beharrlich weiter. Diana Ross würde dazu singen: »Was die Welt jetzt braucht, ist Liebe, pure Liebe.«

Alles Äußere ist eine Spiegelung von etwas, das in unserem Inneren vor sich geht. Wir können uns nicht von den anderen Menschen getrennt betrachten, auch wenn unser Ich das nur zu gern hätte! Daraus folgt, dass das, was wir ein für alle Mal in uns selbst verändern, auch eine äußere Wirkung hat. Der Mystiker Andrew Harvey hat gesagt: »Ein Schmetterling in Yucatán beeinflusst die Art, wie wir hier atmen.« Ich bin mir sicher, dass Sie alle das wissen. Doch auch wenn es Ihnen nicht liegt, sich *Greenpeace* anzuschließen und an Protestmärschen teilzunehmen oder in die Tasche zu greifen, um für *Live Aid* zu spenden, haben Sie vielleicht Lust, bei sich selbst zu beginnen. Das ist allemal einen Versuch wert. Vergessen Sie das Mitgefühl, wenn es Ihnen als zu schwierig erscheint. Falls es Ihnen lieber ist, dann fangen Sie an, weil *Sie* sich besser fühlen wollen. Der Rest wird sich dann ergeben. Wir alle sind miteinander verbunden.

FÜNFTES KAPITEL

Die Behandlungssituation

Wir sind also nun endlich so weit, dass wir anfangen können, uns mit dem konventionellen Heilen durch Handauflegen zu beschäftigen. Ich hoffe, Ihnen ist mittlerweile klar geworden, weshalb ich mich bisher mit so vielen anderen Formen des Heilens befasst habe: Ich bezweifle, dass Sie das Handauflegen oft brauchen werden, wenn Sie jene anderen Methoden beherrschen.

Jesus hat den Menschen nicht generell und automatisch die Hände aufgelegt. Wenn er körperliche Krankheiten heilte, bezog er sich dabei nicht unbedingt auf deren körperliche Ursache. »Steh auf, deine Sünden sind dir vergeben« – dieser Satz ist ein sehr interessantes Beispiel für seine Vorgehensweise. Achten Sie einmal auf die darin ausgedrückte Verbindung zwischen Geist und Körper. Könnte es tatsächlich sein, dass alles »im Geist« geschieht? Die Menschen in Lourdes werden nicht durch Handauflegen geheilt. Und auch die großen tibetischen und indischen Meister legen den Menschen nicht die Hände auf. Und doch vermögen viele von ihnen zu heilen.

In meiner Praxis benutze ich oft den Trick, so zu tun, als sei ich die dunkle Seite der Klienten, der Teil, der sie nicht sein wollen. Sie wissen schon: der Teil, der alles jetzt sofort will, der sich hasst, weil er nicht gütig, erfolgreich, liebevoll oder reich ist, der nicht in der Lage ist, sich von einer Sucht zu lösen, oder was auch immer. Ich stelle mich also vor meine Klienten und fordere sie auf, mich reinzuwaschen, mich weiß anzustreichen, in einem hellen, leichten Weiß. Und sie spüren es. Sie spüren wirklich, wie sie es tun. Sie spüren die Kraft. Dies sind keine ausgebildeten Heiler, sondern nur so genannte »gewöhnliche« Menschen. Es macht mir große Freude, sie die Macht ihres eigenen Geistes spüren zu lassen.

Dies unterscheidet sich nicht im Geringsten von der Situation, wenn Sie einen Raum betreten und eine Spannung spüren, weil einer der Anwesenden in einen Streit verwickelt war. Wie viele Menschen kennen Sie, die sagen, sie hätten ein Haus gekauft, weil es »gute Schwingungen« ausgestrahlt habe? Und wie viele andere kennen Sie, die ein Haus *nicht* gekauft haben, weil es keine »guten Schwingungen« hatte? Solche Menschen sind sehr zahlreich – so etwas ist wirklich ganz und gar nicht ungewöhnlich.

Der Raum
Natürlich folgt daraus, dass es der Wirksamkeit von uns weniger erleuchteten Wesen zugute kommt,

wenn wir über genügend Raum und Zeit verfügen, um unseren Geist zu konzentrieren, bevor wir mit dem Heilen beginnen. Wenn Sie jedoch ganz plötzlich damit konfrontiert werden, dass sich jemand den Knöchel verstaucht hat, und Sie können diesem Menschen anbieten, ihn zu heilen, ist der ideale Raum zweifellos nicht so wichtig wie Ihr Entschluss, die Hände dieses Menschen zu halten. Ebenso wenig können Sie damit rechnen, dass Sie für den »Klienten«, mit dessen Hilfe Sie Ihre Arbeit demonstrieren wollen, immer eine Couch zur Verfügung haben.

Dennoch können Sie versuchen, eine möglichst günstige Situation zu schaffen. Ich persönlich arbeite sehr gern in meinem eigenen Raum, und obwohl ich zeitweise Praxisräume in Kliniken angemietet hatte, kam ich letztlich immer wieder auf meinen privaten Behandlungsraum bei mir zu Hause zurück. Warum? Weil ich darin meditiere und weil dieser Raum von großen Meistern gesegnet wurde. Ich reinige ihn regelmäßig von negativen Einflüssen (ein weiteres wichtiges Thema) und verbrenne darin Weihrauch, bevor meine Klienten ihn betreten. Ebenso wie die meisten anderen Menschen empfinde ich dies als äußerst inspirierend. Sogar mein Steuerberater hat gesagt, dass meine Kassenbücher besser riechen als die aller anderen Klienten! Falls Sie also einen Raum haben, den Sie für Heilungszwecke reservieren können, umso besser.

Hilfsmittel

Falls Sie keinen Raum haben, ist ein tragbarer Behandlungstisch nützlich. Achten Sie darauf, dass er Ihrer Körpergröße angepasst ist, damit Sie sich nicht ständig zu Ihren Klienten hinunterbeugen müssen. Wenn Sie sich in einer unbequemen Haltung befinden, sind Sie zu angespannt, um effektiv heilen zu können.

Zu Anfang meiner Tätigkeit als Heilerin brachte ich mich immer wieder in die heikelsten Situationen: Ich bekam Krämpfe in den Beinen und versuchte, mich in den unmöglichsten Winkeln über Betten zu beugen. So etwas führt zu nichts. Tatsächlich gelang es mir auf diese Weise, mir Schmerzen bewusst zu machen, allerdings eher meine eigenen als die der Klienten! Und das war ja eigentlich nicht der Sinn der Sache.

Die Liege sollte so breit sein, dass die Klienten ihre Arme zu beiden Seiten des Körpers flach auflegen können. Die Liegen vieler Ärzte sind schmaler, und obwohl persönliche Vorlieben sicherlich auch eine wichtige Rolle spielen, empfehle ich breitere Liegen, weil sich die Klienten darauf im Allgemeinen wohler fühlen.

Falls Sie es sich nicht leisten können, sich eine solche Liege zu kaufen, brauchen Sie nicht zu verzweifeln. Sie können auch einen Stuhl oder Sessel benutzen, allerdings möglichst einen mit einer Stoffbespannung an der Lehne, damit Sie durch den Stoff hindurch heilen können. Diese Lösung ist zwar nicht ideal, aber manche Klienten sind zu unbeweglich, um sich hinlegen zu können. Und manche empfinden es als unangenehm, sich nach vorn zu beugen, damit Sie leicht ihren Rücken erreichen können. Eine weitere Möglichkeit ist, die Klienten zu bitten, sich rittlings auf einen Stuhl mit aufrechter Rückenlehne, aber ohne Armlehnen zu setzen. Das genügt, wenn Sie nur gelegentlich heilen und es Ihren Klienten nicht zu unbequem ist. Denken Sie stets daran, dass alles im Geist geschieht und dass Sie eine Möglichkeit finden müssen, die sowohl Ihnen als auch Ihren Klienten behagt.

Die Vorbereitung

Ich meditiere jedes Mal, bevor ich einen Klienten behandle. Das ist mir sehr wichtig, weil ich nicht gern jemandem die Hände auflege, bevor ich ein wenig von meinem eigenen inneren Müll beseitigt habe. Natürlich würde mich das nicht davon abhalten, in einem Notfall sofort aktiv zu werden. Bei solchen Gelegenheiten reicht es aus, »die Kraft« anzurufen. Dies ist wohlgemerkt *meine* Ansicht; Sie mögen das ganz anders sehen.

Meine Klienten brauchen nur ihre Schuhe auszuziehen – wenn ich sie im Sitzen behandle, erwarte ich nicht einmal das von ihnen. Ich fordere sie auch nicht auf, Uhren und Schmuck abzulegen, es sei denn, diese sind ziemlich schwer und erzeugen Geräusche. Je einfacher, desto besser.

Ich werde mich hier nicht mit juristischen Aspekten der Behandlung von Klienten auseinander setzen. Es gibt zahlreiche Organisationen, die diesbezüglich Rat und Hilfe anbieten. Ich werde mich auf den Akt des Heilens und auf meine eigene Erfahrung konzentrieren.

Atmung, Intention und Anrufung

Der Klient liegt nun in Rückenlage auf der Liege. Wenn er will, kann er die Knie gebeugt halten. Sorgen Sie dafür, dass er nicht friert und sich wohl fühlt. Seine Augen sind geschlossen und ich fordere ihn auf, dreimal tief durchzuatmen, wie in Kapitel 2 (siehe Seite 22 f.) beschrieben. Ich atme ein paar Augenblicke lang mit ihm synchron.

Dann formuliere ich die Intention für diese Heilung: »Möge diese Heilung so wirksam wie möglich sein und so lange wie möglich anhalten.« Da ich mit Klienten ein Gespräch führe, bevor sie sich auf die Liege legen, formuliere ich situationsbezogen weitere Intentionen.

Zum Beispiel: »Mögen Sie die Absicht entwickeln, dass die Blockaden, die Ihre Heilung behindern, entfernt werden. Mögen Sie aufhören, sich wegen Ihres tyrannischen Verhaltens als Kind schuldig zu fühlen«, oder: »Mögen Sie aufhören, darüber wütend zu sein, dass Ihr Mann mit Ihrer besten Freundin davongelaufen ist.« Diese Liste lässt sich leider unendlich lang fortsetzen. Außerdem bitte ich den Klienten, im Stillen selbst weitere Intentionen zu formulieren.

Dann lege ich eine sanfte Musik auf und stelle mich an das Kopfende der Liege. Ich rufe die höchste Kraft der Liebe an und bitte sie, mich zu leiten. Sie möge die Führung übernehmen und für mich heilen, während ich mein Ich loslasse. Wenn Sie dies üben, müssen Sie sich unbedingt an die höchste Quelle der Liebe wenden.

Ich weiß, dass viele Menschen Führer gehabt oder ihre Engel gespürt haben. Rufen Sie auch diese an, falls dies Ihr Weg ist, aber seien Sie bitte vorsichtig. Ich bezweifle nicht, dass diese Wesen immer für das höchste Gute arbeiten, aber durchaus, ob Sie selbst stets genau wissen, was dieses höchste Gute tatsächlich ist. Möglicherweise wissen das nicht einmal jene Helfer. Die meisten Menschen werden sicherlich zugeben, dass sie sich ziemlich häufig irren. Deshalb müssen wir uns fragen, wer eigentlich garantiert, dass Menschen, wenn sie sterben und zu Führern, Geistern oder Engeln werden, nicht auf irgendeiner Ebene immer noch Täuschungen unterliegen. Die Heilerin Betty Shine bringt mich immer wieder zum Lachen, wenn sie über ihre »schelmischen« Freunde spricht, die aus dem Nichts auftauchen und während ihrer Abwesenheit im Hotelzimmer ihre Koffer auspacken, sodass bei ihrer Rückkehr ein unvorstellbares Chaos herrscht.

Ich schätze Betty Shine als Heilerin sehr. Ihre Art, mit den Dingen umzugehen, ist ihre Art, und sie ist damit sehr erfolgreich. Doch für die meisten von uns, die wir uns bemühen, Heiler zu werden, ist es ratsamer, auf Nummer sicher zu gehen. Warum sollten wir uns nicht gleich an die oberste Instanz wenden, da dies doch so leicht ist? Ich möchte wetten, dass es erheblich einfacher ist, als einen Termin beim Chef eines großen Unternehmens zu bekommen. Seien Sie dennoch vorsichtig! Es gibt viele falsche Gurus und Götter: Man hört ständig von neuen Sekten. Falls solche Gruppierungen jedoch von einem authentischen Lehrer geleitet werden, ist nichts gegen sie einzuwenden.

Zeit

Sie müssen sich auch Gedanken darüber machen, wie Sie die verfügbare Zeit nutzen wollen. Viele angehende Heiler machen den Fehler, zwanzig Minuten auf eine einzige Handposition zu verwenden, und haben dann nicht mehr genug Zeit für die anderen. So etwas funktioniert nicht. Ebenso wenig sinnvoll ist es, eine Behandlungssequenz einfach abzubrechen. Sie müssen die geplante Behandlung unbedingt zum Abschluss bringen und sich vorher Gewissheit darüber verschaffen, ob dies möglich ist.

Fragen Sie, ob Ihre Klienten zwanzig Minuten oder eine Stunde Zeit haben – eben gerade so viel, wie Sie im konkreten Fall benötigen. Vergewissern Sie sich ferner, dass sie keinen Strafzettel für Falschparken oder von ihrem Chef die Kündigung bekommen, wenn die Behandlung länger als vorgesehen dauert. Falls Sie dennoch die vereinbarte Zeit überziehen müssen, sollten es keinesfalls mehr als fünf Minuten sein. Das ist die einzige Regel, an die Sie sich unbedingt halten sollten. Falls Sie sich nicht in der Lage fühlen, den Zeitplan für Ihre Sitzungen selbst auszuarbeiten, können Sie jemand anderen bitten, dies für Sie zu tun.

Im Grunde ist es ganz einfach: Wenn Sie an soundso vielen Positionen arbeiten wollen, haben Sie pro Position nur soundso viele Minuten zur Verfügung. Sorgen Sie deshalb dafür, dass eine Uhr in der Nähe ist – nicht, damit Sie wie besessen ständig darauf schauen, sondern damit Sie gelegentlich die bereits verstrichene Zeit überprüfen können. Mit zunehmender Sicherheit werden Sie allmählich ein natürliches Gefühl dafür entwickeln, in welchen Positionen Sie Ihre Hände länger verweilen lassen sollten. Sie werden sich dann von den Fesseln der Zeit befreien, und wenn Sie das Gefühl haben, Sie hätten den Empfänger in einer bestimmten Position eine Sekunde lang behandelt, glaubt dieser möglicherweise, es sei eine Ewigkeit gewesen.

Und Action!

Und nun fangen Sie an. Im Folgenden finden Sie eine Sequenz von Körperpositionen, die ich empfehle. Ich arbeite zwar nicht immer alle durch, aber dies ist mein Grundschema. Ich halte mich daran, weil es einfach und effektiv ist. Sorgen darüber, ob Sie Ihre Hände an den richtigen Stellen auflegen, lenken Sie von der eigentlichen Heilung ab. Halten Sie die Berührung einfach sehr sanft aufrecht. Einfachheit ist das Wichtigste, für Sie selbst ebenso wie für Ihre Klienten.

Hinweis: Auf den Zeichnungen sind die Handpositionen so deutlich wie möglich abgebildet. Allerdings sind meine Klienten während der Behandlung stets vollständig angekleidet und ich decke sie zusätzlich mit einem Baumwolltuch zu, damit sie sich weniger gehemmt fühlen.

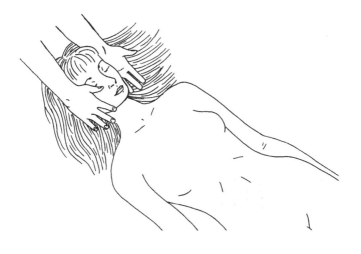

ABBILDUNG 1

Fordern Sie den Klienten auf, sich auf den Rücken zu legen. Stellen Sie sich hinter seinen Kopf und halten Sie Ihre Hände nahe den Seiten des Kopfes, ohne ihn jedoch zu berühren, um einen sanften Kontakt herzustellen.

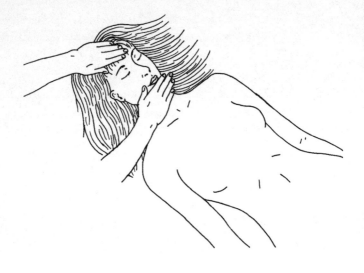

ABBILDUNG 2
Begeben Sie sich anschließend zur rechten Seite des Kopfes und positionieren Sie Ihre linke Hand über die Schädeldecke, während die rechte sich über dem Hals des Klienten befindet (immer aber, ohne ihn zu berühren).

ABBILDUNG 3
Berühren Sie den Körper des Klienten mit beiden Händen sanft über dem Herzzentrum.

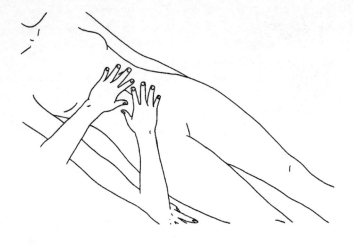

ABBILDUNG 4
Berühren Sie mit beiden Händen den Bereich über Magen und Milz.

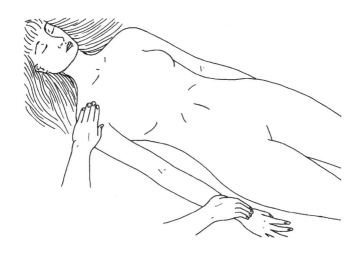

ABBILDUNG 5
*Berühren Sie mit der linken Hand die rechte Schulter
und mit der rechten Hand das rechte Handgelenk.*

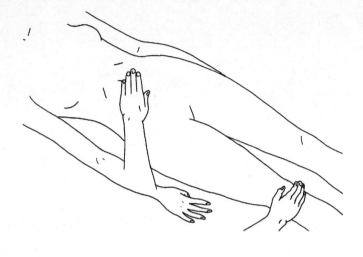

ABBILDUNG 6
Berühren Sie den Magenbereich mit der linken und das rechte Knie mit der rechten Hand.

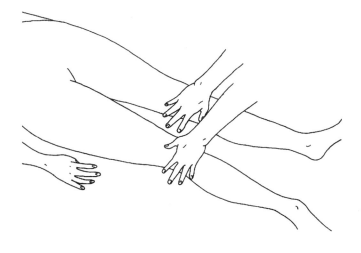

ABBILDUNG 7
*Gehen Sie um das Fußende auf die andere Seite der Liege,
während Sie mit einer Hand am rechten Knie
den Kontakt zum Klienten halten, und legen Sie dann beide
Hände sanft auf das linke Knie.*

ABBILDUNG 8
Legen Sie die linke Hand auf das Knie und die rechte auf den Magenbereich.

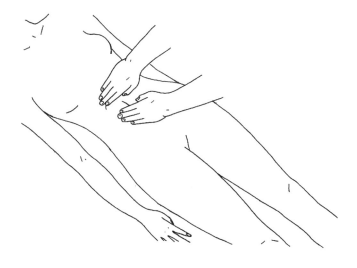

ABBILDUNG 9
Legen Sie sanft beide Hände auf den Magen.

ABBILDUNG 10
Legen Sie beide Hände über und auf das Herz.

ABBILDUNG 11
*Platzieren Sie die linke Hand über den Hals
und die rechte über das dritte Auge,
ohne die beiden Körperbereiche zu berühren.*

Fordern Sie den Klienten nun auf, sich auf den Bauch zu legen, und wechseln Sie wieder auf seine linke Körperseite.

Ich habe schon oft einen österreichischen Freund von mir, der Erfinder ist, gebeten, eine Maschine zu entwickeln, mit der man Menschen von der Rücken- in die Bauchlage befördern kann, ohne dass sie selbst auch nur die geringste Anstrengung unternehmen müssen. Ich fühle mich immer wie ein Störenfried, wenn ein Klient entspannt ist oder sogar schläft und ich ihn bitten muss, sich umzudrehen. Das lässt sich jedoch nicht vermeiden, wenn eine Behandlung vollständig zum Abschluss gebracht werden soll.

Nachdem Ihr Klient in die Bauchlage übergewechselt ist und nun zur linken Seite blickt, sollten Sie sich vergegenwärtigen, wie es um Ihre Gedanken bestellt ist. Falls Sie negative Gedanken haben, sollten Sie bewusst an etwas Inspirierendes denken. Üben Sie immer wieder, sich in die Situation des anderen hineinzuversetzen. Und arbeiten Sie unablässig daran, es immer besser zu können.

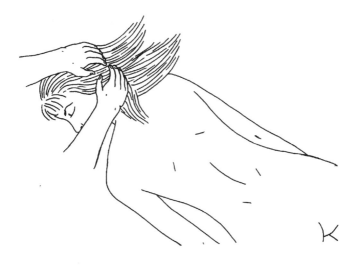

ABBILDUNG 12
*Berühren Sie mit Ihren Händen sanft die Rückseite
des Kopfes (das ist meine Lieblingsposition,
weil jeder dort eine Menge Ballast mit sich herumschleppt).*

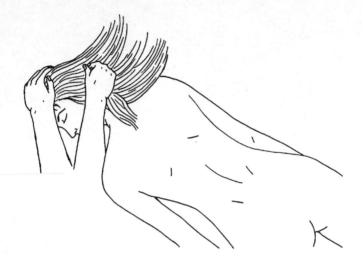

ABBILDUNG 13
Wechseln Sie vorsichtig auf die linke Kopfseite des Klienten und berühren Sie mit Ihrer linken Hand sanft die Oberfläche seines Kopfes, während Ihre rechte Hand den Nacken berührt, und zwar direkt auf der Wirbelsäule.

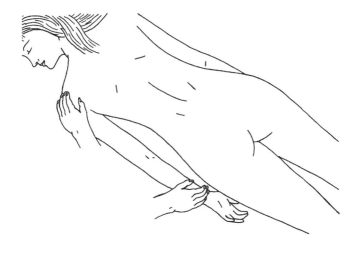

ABBILDUNG 14
*Führen Sie die linke Hand auf die linke Schulter,
die rechte Hand zum linken Handgelenk.*

ABBILDUNG 15
Beide Hände sind gewölbt und berühren den Bereich des Herzens leicht.

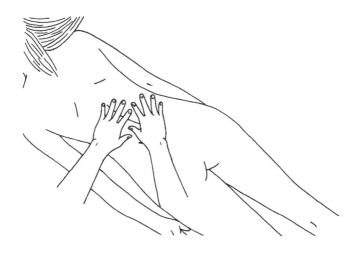

ABBILDUNG 16
Beide Hände berühren den Bereich über Magen und Milz.

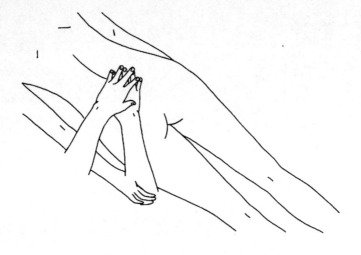

ABBILDUNG 17
Beide Hände berühren den Bereich über dem Steißbein.

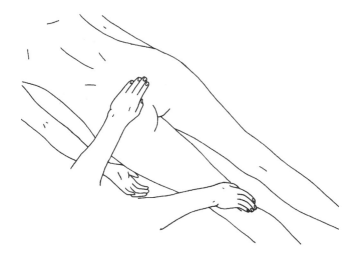

ABBILDUNG 18
*Die linke Hand liegt auf dem Steißbein,
die rechte in der linken Kniekehle.*

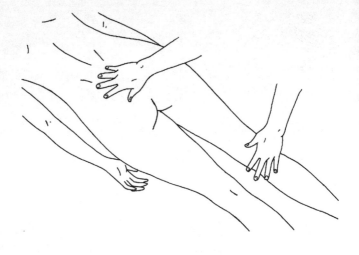

ABBILDUNG 19
*Gehen Sie auf die andere Seite der Liege,
legen Sie die linke Hand in die
rechte Kniekehle und die rechte Hand auf das Steißbein.*

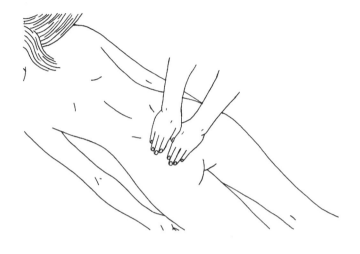

ABBILDUNG 20
Legen Sie beide Hände auf das Steißbein.

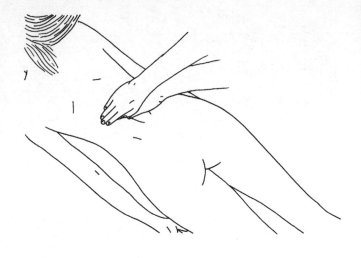

ABBILDUNG 21
*Legen Sie beide Hände auf den Rücken über
Magen und Milz.*

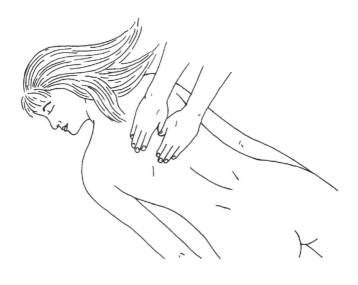

ABBILDUNG 22
Berühren Sie mit beiden Händen den Rücken über dem Herzen.

ABBILDUNG 23
Platzieren Sie die linke Hand über dem Nacken und die rechte über dem Kopf, jedoch ohne Berührung.

ABBILDUNG 24
*Stellen Sie sich hinter den Kopf des Klienten
und platzieren Sie beide Hände
über dem Scheitel, ohne ihn zu berühren.*

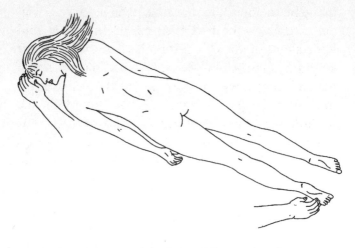

ABBILDUNG 25

Nun wird es Zeit, die Heilung abzuschließen, Ihre eigene und die des Klienten. Wenn Sie am Kopf aufhören, werden Sie sich wahrscheinlich fragen, ob Sie damit genug getan haben. Vielleicht fühlen Sie sich sogar schuldig, weil Sie unheilige und unnütze Gedanken hatten. Sie können diesem Gefühl entgegenwirken, indem Sie sich auf eine Seite der Liege stellen, beide Arme ausstrecken, die Hände etwas höher als sieben Zentimeter über Kopf und Zehen Ihres Klienten platzieren und ihm durch Ihre Hände Licht senden. Waschen Sie ihn mit Licht. Außerdem können Sie dreimal tief durchatmen und sich dabei so intensiv wie möglich die Übung des Austauschs vergegenwärtigen. Ich empfehle Ihnen, an diesem Punkt Symbole zu benutzen, falls Ihnen das liegt. Darüber werden Sie im folgenden Kapitel mehr erfahren.

Die Nachwirkungen

Ich gebe meinen Klienten stets genügend Zeit, wieder in die gewöhnliche Welt zurückzukehren, und halte sie dazu an, sich Zeit zu lassen und sich sehr langsam aufzurichten. Unterdessen verlasse ich den Behandlungsraum und wasche mir die Hände. Das tue ich möglichst nach jeder Behandlung oder ich schüttle die Hände zumindest gründlich aus. Für mich ist es das äußere Zeichen dafür, dass die Heilung zu Ende ist (außerdem habe ich gern saubere Hände). Sorgen Sie auch dafür, dass sich Ihre Klienten wohl fühlen und vorsichtig nach Hause fahren (ich habe oft Angst, dass sie wegen »Trunkenheit« am Steuer Ärger bekommen könnten).

Oft möchten die Klienten nach der Behandlung über ihre Erfahrungen berichten. Ich höre mir diese Berichte stets gern an, weil sie sehr unterschiedlich ausfallen und sich von meinen eigenen Erlebnissen immer stark unterscheiden.

Besonders häufig kommen Hitzeempfindungen vor. Es wird oft von einer Hitzewirkung der Hände des Heilers berichtet, die dieser selbst ebenfalls bemerkt. Matthew Manning hat dieses Phänomen untersucht und festgestellt, dass sich weder bei ihm noch bei seinen Klienten die Temperatur an der Hautoberfläche tatsächlich verändert. Merkwürdig, nicht wahr?

SECHSTES KAPITEL

Symbole und Glauben

Das so genannte New Age erfüllt ganz gewiss seinen »Zweck«: Es hat ungeheuer viele Menschen auf die Suche geschickt. Es hat Unzählige dazu gebracht, mit dieser und jener Therapie zu beginnen – und ich möchte all dies keineswegs kritisieren. Wenn Sie anfangen, Menschen zu behandeln – *und das liegt Ihnen ja am Herzen* –, möchten Sie noch effektiver heilen. Sie bilden sich unablässig fort und geben Ihr Geld für immer neue Kurse aus. Und trotzdem haben Sie unverändert das Bedürfnis, sich weiterzuentwickeln, weil Sie immer noch nicht alle Menschen, die sich an Sie wenden, heilen können ...

Abgesehen vom New-Age-Jargon gibt es auf der Welt noch viele andere Arten von Jargons. Diese speziellen Sprachgewohnheiten scheinen in erster Linie dazu benutzt zu werden, um Besitzansprüche auf irgendetwas zu erheben. Man braucht nur ins Internet zu gehen, um mit Bildern überschwemmt zu werden, die irgendjemandes geistiges Eigentum sind (selbst wenn dieser Jemand Ihnen erlaubt, seine Bilder zu nutzen). Mit dem Heilen verhält es sich nicht anders. Jeder versucht, es sich anzueignen und zu sagen: »Du musst es so machen, sonst funktioniert es nicht.« Manche Menschen beanspruchen für ihre spezielle Methode sogar ein Copyright. Sie verbreiten ihren speziellen Jargon und empfehlen oft sogar, ihre Symbole zu verwenden, weil angeblich nur diese die Heilung garantieren.

Doch warum sollten Sie ein Symbol benutzen, das für Sie bedeutungslos ist? Denn ein Symbol wird erst durch seine Bedeutung wirksam. Und *was* bedeutet ein Symbol? Es bedeutet für verschiedene Menschen Unterschiedliches. Man liest immer wieder Anzeigen für Wochenendkurse mit Titeln wie: »Enthüllung des geheimen Pfades zur inneren Heilung«, »Wie Sie in 24 Stunden das Tantra beherrschen« oder »Das Symbol zur Heilung des Hühnerauges an Ihrem großen Zeh für nur 1000 Mark«. Nicht zu vergessen all der Hokuspukus um die so genannten Reiki-Meister: Seriös ausgebildete Meister investieren einige tausend Mark, um ihren Titel zu erlangen, und nehmen an einer Ausbildung teil, die sich über Jahre erstreckt. Mittlerweile liest man: »Werden Sie Reiki-Meister in zwei Tagen für nur hundertfünfzig Mark.« Sie lernen dann die Symbole kennen und können sie auch sofort jemand anderem beibringen. Doch was verbirgt sich hinter dieser Aktivität? Welche Motivation hatten Sie selbst und Ihre Lehrer dabei? Wie wichtig war das Geld und hat auch Ungeduld eine Rolle gespielt?

Man könnte sich fragen, ob nicht all diese Copyrights aus Angst und Gier entstanden sind. Was hat Eigentum mit Heilung zu tun? Wer »besitzt« Liebe? Wer kann Liebe »verkaufen«? An diesem Punkt werden sich solche Geschäftemacher von mir verabschieden und es tut mir Leid, wenn ich jemanden gekränkt haben sollte. Ich glaube einfach nicht, dass Sie, falls Sie in Timbuktu leben und das Wort »Reiki« oder »Jesus« noch nie gehört haben, nicht in der Lage sein sollten, *zu lieben oder zu heilen*. Das erscheint mir schlicht unmöglich. Diese Liebe ist in uns allen und wartet nur darauf, sich zu manifestieren.

Ich möchte Ihnen nicht suggerieren, dass Ihr spezieller Hintergrund und Ihre Erfahrung ein Unglück für Sie sind, und auch nicht, dass ein bestimmter Weg sich für Sie nicht besser eignet als ein anderer – wohl aber, dass es mir mehr als zweifelhaft erscheint, wenn jemand seine Ansichten als die einzig zutreffenden hinstellt.

Seit einigen Jahren habe ich das Gefühl, dass das New Age der Rückkehr zur Religion den Weg bereitet hat, und so war ich hoch erfreut, als ich im Mai 1999 im *Daily Telegraph* einen Artikel mit dem Titel »Der neueste Trend: Religion« fand. Der Artikel begann so: »*Marktbeobachter, die den Horizont des beginnenden 21. Jahrhunderts absuchen, wären gut beraten, ihr Radar auf die Wellenlänge der Religion einzustellen ... Mr Hall führte diese Veränderung teilweise auf die Tatsache zurück, dass Wissenschaft und Religion nicht mehr als unvereinbar gelten.«*

Rupert Sheldrake beschäftigt sich in seinem Buch *Die Wiedergeburt der Natur* damit, wie sich die Vorstellungen der Menschen über ihre Verbindung zur Natur verändert haben: Die protestantische Reformation beseitigte einige Relikte der heidnischen Naturverbundenheit und die wissenschaftliche Revolution verbreitete im 17. Jahrhundert die Vorstellung von einem mechanischen Universum. Durch die Industrielle Revolution kristallisierte sich in der westlichen Welt das Gefühl der Abgetrenntheit von der Natur heraus. Vorher hatten die Menschen geglaubt, sie seien ein Teil Gottes oder des Universums; doch nun hatten sie das Gefühl, selbst das Universum zu beherrschen.

Falls Sie jedoch zu denjenigen gehören, denen Religion generell problematisch erscheint, möchte ich Ihnen versichern, dass es mir hier nicht um Dogmen oder um blinden Glauben geht. Carl Gustav Jung wurde gegen Ende seines Lebens einmal gefragt, ob er an Gott glaube. Er antwortete, er *glaube* nicht an Gott, er *wisse*. Ich trete ebenfalls für eine Rückkehr zum »Wissen« ein. Wir müssen uns vergegenwärtigen, dass mehr existiert, als unser Auge zu erkennen vermag – dabei ist es relativ gleichgültig, ob wir dieses Wissen mit Hilfe unserer Intuition oder mit Hilfe der Psychologie, der Philosophie und der Religion entwickeln. Wenn das Glauben oder »Wissen« zum Verstehen wird, ist es ohnehin unwichtig, ob wir an etwas glauben.

Ich erinnere mich an einen Mann in Schottland, der ziemlich regelmäßig die Stigmata Christi zeigte; das heißt, bei ihm floss plötzlich und ohne äußere Einwirkung dort Blut, wo sich die Wunden Christi bei der Kreuzigung befunden hatten. Er war äußerst frustriert, weil er absolut nicht an Christus oder an eine andere Religion glaubte und weil er einfach in Ruhe leben wollte. Der Ärmste!

Außerdem habe ich vom Fall eines Bauern in Devon gehört, der als Heiler bekannt war. Menschen kamen von weither, um ihn aufzusuchen. Wenn Besucher eintrafen und er die Kühe molk, bat er seine Gäste, »einen Moment« zu warten, während er seine Arbeit beendete. Dann wischte er sich die Hände an einem Lumpen ab und forderte seine Besucher auf, sich auf den Melkschemel zu setzen, wo er ihnen seine heilenden Kräfte zuteil werden ließ. Er hatte tatsächlich Erfolg und sein Ruhm verbreitete sich schnell. Dieser Bauer hatte weder eine Heilerausbildung erhalten noch benutzte er bei seiner Arbeit Symbole. Auch dieses Beispiel zeigt, dass die Annahme falsch ist, jemand, der keinen Glauben hat, sei auch nicht in der Lage zu heilen. Das wird noch plausibler, wenn Sie schlicht und einfach das Gesetz von Ursache und Wirkung darauf anwenden: Wie Sie säen, so ernten Sie. Anders formuliert: Was Sie vorher getan haben, hat Sie dahin gebracht, wo

Sie jetzt sind, und was Sie jetzt tun, wird Sie dorthin führen, wo Sie in Zukunft sein werden.

Religion ist somit nicht immer eine Voraussetzung für die Fähigkeit zu heilen. Dass ich das Wort Religion hier überhaupt erwähne, hängt damit zusammen, dass Religion Ihnen zu lernen hilft, Liebe zu übermitteln. Die meisten Religionen existieren schon sehr lange und müssten schon allein aufgrund ihrer langen »Lebensdauer« in der Lage sein, den Menschen Leitlinien an die Hand zu geben (allerdings müssen heutzutage leider selbst die Aktivitäten und Intentionen religiöser Bewegungen auf ihre Motivationen hin überprüft werden, nicht zuletzt, um Sekten rechtzeitig zu entlarven). Wie also könnten wir unsere Situation noch weiter verbessern, als indem wir uns nach innen wenden und uns dem Studium des Mitgefühls widmen?

Das Eigenartige am Mitgefühl ist, dass es in seiner höchsten Form jedes andere Symbol oder Werkzeug überflüssig macht. Außerdem vermag es Sie von Ihrem eigenen Leiden zu befreien, da es Ihre Aufmerksamkeit auf andere fokussiert. Es überrascht mich immer wieder, wie viele Menschen bestätigen, dass es ihnen angenehmer ist, jemand anderem etwas zu schenken, als selbst etwas geschenkt zu bekommen. Ist das nicht merkwürdig?

Würden nicht auch Sie der Ansicht zustimmen, dass wahres Glück nur entstehen kann, wenn es uns gelingt, andere Menschen glücklich zu machen?

Meinen Sie nicht, dass Sie, selbst wenn Sie alles erreicht hätten, was Sie in Ihrem Leben erreichen wollen, immer noch mehr haben wollten? Und füllt Liebe diesen bodenlosen Abgrund nicht aus? Andere Therapiemethoden mögen Ihnen zeitweilig Linderung verschaffen, doch die wahre Heilung kommt von innen. Je mehr Mitgefühl Sie empfinden, desto mehr Mitgefühl entwickeln Sie gegenüber anderen und umso mehr werden auch Sie davon profitieren.

Wenn Sie das in den vorangegangenen Kapiteln Beschriebene gemeistert und in der Praxis angewandt haben, benötigen Sie meiner Meinung nach keine Symbole, denn Sie üben sich in der Anwendung von Mitgefühl. Falls Sie den Inhalt jener Kapitel *wirklich* gemeistert haben, bitte ich Sie, mich das wissen zu lassen, denn dann mache ich mich sofort auf den Weg zu Ihnen, um mich von Ihnen behandeln zu lassen!

Falls Sie trotzdem unbedingt Symbole benutzen wollen, möchte ich Ihnen ein paar Tipps dazu geben.

Die Leser dieses Buches, die Reiki studiert haben, haben dabei spezielle Symbole kennen gelernt. Benutzen Sie diese so, wie Sie es gelernt haben, und stellen Sie fest, ob sie ihren Zweck erfüllen. Das wird kaum über Nacht eintreten, doch ist Reiki eine machtvolle Heilkraft und sicherlich haben einige von Ihnen die Wirkung dieser Methode selbst erfahren.

Falls Sie Christ sind, ist das Schlagen des Kreuz-
zeichens für Sie ein äußerst wirksames Symbol.
Während des Zweiten Weltkriegs wurde meine Mutter in ein Konvent in Staffordshire evakuiert. Sie
war damals acht Jahre alt. Eines Nachts wachte sie
auf, weil sie einen Geist gesehen hatte. Die Non-
nen kamen zu ihr, um nach dem Rechten zu sehen,
und stritten keineswegs ab, dass das, was meine Mutter gesehen hatte, tatsächlich existiere. Sie sagten:
»Schlag das Kreuzzeichen. Wenn es ein böser Geist
ist, wird er weglaufen, und wenn es ein guter Geist
ist, hast du nichts zu befürchten.« Ich habe diese
Geschichte nie vergessen. Ich merke oft, dass ich
mich fast unbewusst bekreuzige, wenn ich einen Klienten behandle, der Christ ist. Falls Sie Buddhist,
Moslem oder Hindu sind, können Sie ein Mantra,
eine religiöse Formel, sprechen, um Ihren Geist vor
Negativität zu schützen. Auch Mantras können natürlich sehr nützlich sein.

Wenn Sie sich keiner der etablierten Religionen
zugehörig fühlen, liegen die Dinge anders. Sie werden dann wahrscheinlich einfach nicht glauben,
dass die erwähnten Dinge Ihnen zu helfen vermögen. Doch schon allein die Tatsache, dass Sie dieses
Buch in die Hand genommen haben, zeigt, dass es
etwas enthält, das für Sie wichtig ist, und die Tatsache, dass Sie es bis hierher gelesen haben, zeigt, dass
es etwas in Ihnen anrührt. Könnte es sein, dass Sie
irgendeine Art von Hoffnung hegen? Mein Lehrer

hat einmal gesagt: »Ist es so, wie wenn Sie in ein Krankenhaus gehen? Sie gehen ins Krankenhaus, weil Sie die Hoffnung haben, dass sich Ihr Zustand dadurch bessern wird.« Ebenso lesen Sie ein Buch über das Heilen, weil Sie hoffen, dass Sie jenes »Es« entwickeln können. Das »Es« zu entwickeln ist gleichbedeutend mit der Entwicklung von Mitgefühl in Ihrem Inneren.

Wenn Sie »es« nicht spüren *können* und wenn Sie nicht glauben *können,* dass so etwas existiert, sollten Sie versuchen, alle vorangegangenen Kapitel in die Tat umzusetzen und auch die Arbeit mit Symbolen auszuprobieren, falls eines Ihnen zusagt. Sollte alles andere fehlschlagen, können Sie versuchen, mit Affirmationen zu arbeiten. In diesem Fall empfehle ich Ihnen, Louise Hays Bücher zu diesem Thema zu lesen; sie nützen sehr vielen Menschen. Und wenn die Affirmationen zunächst nichts zu bewirken scheinen, dann probieren Sie es einfach weiter.

Ich empfehle immer wieder, Beharrlichkeit zu entwickeln. Mit Geduld lässt sich alles erreichen. Menschen, die beharrlich sind, fühlen sich in jedem Fall besser. Entwickeln Sie zuerst Hoffnung, nutzen Sie Ihre Intuition und fahren Sie mit der Meditations- und der Visualisationsübung fort. Das wird Ihnen aus der Leere heraushelfen und *kann* nur zum Erfolg führen. *Einen Versuch ist es wert.* Und falls sich der Erfolg nicht sogleich einstellt, sollten Sie es immer wieder versuchen. Schließlich wollen Sie ja wohl nicht da verharren, wo Sie im Moment sind – oder etwa doch? Nachdem Sie all das beherzigt und in die Tat umgesetzt haben, werden Sie mit Sicherheit Vertrauen entwickeln. Nicht zu einem Symbol und auch nicht unbedingt zu einer Religion, sondern vielmehr Vertrauen zu sich selbst – Selbstvertrauen. Dieses Vertrauen bricht nicht unter Druck zusammen, sondern entwickelt sich aus der Unzerstörbarkeit heraus.

Das erinnert mich an eine Fabel von Jean de La Fontaine, *Die Eiche und das Schilfrohr*. In ihr geht es darum, dass sich einmal eine große Eiche über einem kleinen Schilfrohr auftürmte. Die Eiche machte dem Schilfrohr ständig Vorhaltungen wegen seines Benehmens und sie prahlte oft und gern mit ihrer Größe und Stärke. »Ich bin so groß und stark, und du bist so klein.« Eines Tages warf ein Sturm die Eiche zu Boden. Sie starb ab. Das Schilfrohr wurde ebenfalls vom Wind gebogen und bis hinab auf die Erde gedrückt, doch als die Sonne zum Vorschein kam, erhob sich das Schilfrohr wieder. Ich liebe diese Geschichte.

Was wir zu entwickeln streben, ist das unzerstörbare Selbstvertrauen des Mitgefühls. Es ist das Einzige, das niemals fehlschlagen kann.

Wenn Sie dieses Selbstvertrauen unablässig üben und weiterentwickeln, gelangen Sie schließlich an einen Punkt, an dem Sie die Liebe spüren. Sie fangen dann an, Ihre innere Stimme zu entwickeln. Sie beginnen zu wissen, was wahr ist und was nicht. Sie sind dann in der Lage, Ihrem Herzen zu folgen. Natürlich können Sie auf diesem Weg Fehler machen, indem Sie beispielsweise glauben, Ihr Kopf sei Ihr Herz – doch auch solche Irrtümer sind wichtig. Wenn sich die Dinge immer nur Ihren Wünschen gemäß entwickeln, können Sie nichts lernen. Wir lernen durch unseren Schmerz und durch unsere Fehler. Also ...

Folgen Sie Ihrem Herzen!

SIEBTES KAPITEL

Der Stil anderer und die Entwicklung eines eigenen Stils

Wenn Menschen mit dem Heilen beginnen, ist dies für sie oft der Beginn einer Reise der Selbstentdeckung und der Suche nach der inneren Kraft. Häufig erwachsen derartige Bemühungen aus einem Mangel an Selbstvertrauen oder aus dem Wunsch heraus, etwas zu finden, das jenseits der gewöhnlichen Quälerei des Alltagslebens liegt, etwas wirklich Bedeutsames – eine Möglichkeit, wirklich von Nutzen zu sein. Diejenigen, die nicht dieser Kategorie zuzurechnen sind, mögen mir bitte verzeihen (und diejenigen, die dazugehören, ebenfalls). Wie ich bereits erwähnt habe, geschieht nichts rein zufällig, und falls Sie mit dem Heilen begonnen haben oder falls Sie gerade damit beginnen, ist der Grund sicherlich, dass Sie die für Sie »richtige Verbindung« bereits gefunden haben. Natürlich führen letztlich alle Wege nach Rom (das heißt zum Herzen), doch ändert das nichts an der Vielfalt der Möglichkeiten, zu diesem Ziel zu gelangen. Man könnte auch sagen, dass wir alle zum Supermarkt gehen, um Käse zu kaufen, dass jedoch einige Brie, einige Cheddar, andere Gouda und wieder andere völlig andere Sorten wählen.

Sie sollten unbedingt eine Form der Heilung anwenden, bei der Sie sich wohl fühlen und die bei Ihnen ihren Zweck erfüllt. Falls sie Ihnen nicht »schmeckt«, werden Sie gewiss eine andere Art ausprobieren. Vielleicht probieren Sie auch eine Weile dies und jenes, bis sie sich für eine Methode entscheiden, die Ihnen am besten behagt und die anzuwenden Ihnen am leichtesten fällt. Es gibt weder einen »richtigen« noch einen »einzigen« Weg des Heilens. Es gibt *nur* den Weg. Bevor Sie beginnen, sollten Sie sich aber in jedem Fall über Ihre Motivation klar werden.

Viele Menschen haben den Weg zu Matthew Manning gefunden, wohl einem der berühmtesten Heiler, die mit Handauflegen arbeiten. Für mich ist er unsterblich geworden durch seinen Ausspruch: »Ich würde ein Chakra selbst dann erkennen, wenn ich es bei einem Spaziergang auf der Straße treffen würde.« Er lehrt auf eine sehr grundlegende und grundehrliche Weise, ohne jeden Schnickschnack: »Liebe, geh los und tu es.« Sein ungeheuer direkter Ansatz basiert auf der Tatsache, dass kein Mensch etwas Besonderes ist und dass jeder heilen kann – weshalb nicht einzusehen ist, dass jemand ein Vermögen dafür bezahlen soll, dass er eine seiner natürlichen, angeborenen Fähigkeiten entdeckt. Matthew verbreitet diese Botschaft seit vielen Jahren. Er empfiehlt, mit den Händen zu arbeiten, weil er herausgefunden hat, dass diese Methode für ihn selbst die beste ist – wenn auch, wie wir bereits wissen, nicht die einzige Möglichkeit.

Ich erinnere mich an einen Besuch auf einem Londoner Festival, wo Matthew Manning mit zweihundert Teilnehmern eine Heilung durch Handauflegen durchführte, während Denise Linn eine Visualisation anleitete und Tim Wheater wundervoll auf seiner Flöte spielte. Es war klar, dass sie Dinge zu sehen vermochten, die andere Anwesende nicht sahen, doch das Erstaunlichste war, dass diese drei Formen der Heilung einander in ihrer Wirkung so stark ähnelten und sich ergänzten. Dies zu erleben war so wundervoll, dass ich darüber vergaß, wo ich mein Auto geparkt hatte.

Wenn Sie einen von Lency Spezzanos Heilungsworkshops besuchen, ist das eine völlig andere Erfahrung. Lency hat eine Form des Heilens entwickelt, bei der sie durch das rechte Auge auf den Klienten einwirkt. Das mögen einige für verrückt halten, doch es wirkt tatsächlich. Vom Auge heißt es oft, es stehe in direkter Verbindung zum Herzen. Indem Lency einfach auf Ihr rechtes Auge blickt, vermag sie Teile von Ihnen zu erreichen, von denen Sie bewusst gar nicht wollen, dass sie erreicht werden. Dennoch vermag sie die betreffenden Bereiche mit Hilfe dieser Methode zu heilen. Sie arbeitet gewöhnlich mit Gruppen von zweihundert Teilnehmern,

105

jedoch ebenso gern mit Einzelklienten, beispielsweise mit Behinderten oder schwerkranken Kindern.

Auch Lency Spezzano behält ihre Methode weder für sich noch verkauft sie sie an diejenigen, die das meiste dafür bezahlen. Wenn Sie möchten, können Sie selbst damit arbeiten; dabei sollte jedoch eine zweite Person neben Ihnen sitzen, weil dadurch die Heilungsenergie im Raum verstärkt wird. Man kann diese Methode weder in einer Ausbildung erlernen noch braucht man zu warten, bis man sie anwenden darf; es gibt auch nichts daran zu rütteln, denn da ist nur Liebe. Wer vermöchte zu sagen, ob eine Methode besser ist als eine andere? Vielleicht könnten wir die Qualität verschiedener Heiler beurteilen, wenn wir erleuchtet wären, doch bis dahin trennen wir die Spreu wohl am besten vom Weizen, indem wir die Motivation und die Resultate der Heiler überprüfen.

Außerdem ist für uns alle wichtig, was uns anspricht. Ich glaube, dass Lencys Form des Heilens eher einer weiblichen Energie entspricht. Deshalb scheint sie sehr gut bei Männern, die ihre Gefühle nicht ausdrücken können, anzuschlagen und deren Blockaden aufzulösen. Doch das ist natürlich *meine* Ansicht über ihre Methode – jemand anders mag völlig anders darüber denken.

Die Heilmethode, die Chuck Spezzano (Lencys Mann) anwendet, ist, wie er selbst behauptet, wesentlich weniger wirksam als die seiner Frau, doch hat auch er eine große Zahl von Menschen geheilt.

Chuck ist Italoamerikaner, trägt bunte Hemden und arbeitet mit der von ihm so genannten »Psychologie der Vision«. Er versucht die Ursache eines Problems durch Gespräche zu eruieren, in Verbindung mit einem gerüttelten Maß an Einsicht und Inspiration. Meiner Meinung nach ist diese Methode für Menschen mit einem Hang zum Analytischen, so wie ich es bin, äußerst nützlich. Manche Menschen müssen eben reden oder ihren Finger an den Puls halten, um zu verstehen. Wenn sie etwas nicht hören oder nicht erklären können, vertrauen sie nicht darauf. Ihnen ist stummes Heilen zu simpel.

Andere, die zu schüchtern sind, um sich für die auf Gespräch oder Berührung basierenden Arten der Heilung begeistern zu können, ziehen möglicherweise die Arbeit nach schriftlicher Anleitung vor. Als Mitte der achtziger Jahre Louise L. Hays Buch *Du bist dein Heiler* in aller Munde war, veröffentlichte ein Brite ein Plagiat, bei dem innen auf dem Einband ein Spiegel angebracht war. Der Autor war offenbar der Meinung, die Briten seien nicht in der Lage, im Badezimmer in den Spiegel zu sehen und laut zu sich selbst zu sagen: »Ich liebe und schätze mich selbst.« Die Plagiatversion ermöglichte es ihnen, sich in der U-Bahn auf dem morgendlichen Weg zur Arbeit diskret den Spiegel im Buch anzuschauen und tonlos mit den Lippen diesen Satz zu formen, dabei jedoch die britische Beherrschung und die steife Oberlippe zu bewahren.

Verzeihen Sie mir, wenn ich nun für einen Augenblick in die Zeit abschweife, in der ich Reiki studierte. Ich erinnere mich an eine Begebenheit in der U-Bahn. Ich war damals so eifrig bestrebt, die Reiki-Handpositionen zu üben, und es mangelte mir so sehr an der üblichen britischen Reserviertheit, dass ich in der überfüllten U-Bahn die Augen schloss und meine Hände auf mein Herz legte. Ein paar Sekunden später wurde ich durch ein kräftiges Tippen auf meinen Arm und durch eine laute Frauenstimme in die Realität zurückgeholt: »Ist alles in Ordnung mit Ihnen oder haben Sie einen Herzanfall?« Die Frau war Chirurgin ... Dieses Beispiel veranschaulicht, wie wichtig es ist, in allen Dingen maßvoll zu sein.

Für einige Menschen ist es wichtig, ihre Gefühle zu Papier zu bringen oder einen Brief an einen toten Verwandten zu schreiben, um Unaufgearbeitetes zu klären und zum Abschluss zu bringen. Die Betreffenden müssen das selbstständig und auf ihre Weise tun; der Heiler hat lediglich die Aufgabe, ihnen die für sie wahrscheinlich nützlichste Methode zu empfehlen. Diese Verfahrensweise kann sehr wirkungsvoll sein.

Trotzdem ist Vorsicht geboten. Ich habe einmal eine bedauerliche Geschichte über ein großes, bekanntes Festival gehört, auf dem »heilendes Wasser« verkauft wurde – für einen Dollar pro Glas. Diejenigen, die dieses Wasser kauften, wussten natürlich nicht, dass der Anbieter seine Flaschen an den Wasserhähnen einer öffentlichen Toilette abfüllte. Es gibt eine feine Grenze zwischen Leichtgläubigkeit und offenherzigem Vertrauen.

Falls Sie das Glück haben, eine Art des Heilens zu finden, die Ihnen zusagt, sollten Sie sich auf sie konzentrieren. Wenn Sie wollen, können Sie dabei bleiben; Sie können aber auch zusätzlich noch andere Formen erlernen. Alle Formen des Heilens haben ihren Wert und möglicherweise werden Sie irgendwann auch Ihre eigene Methode entwickeln. Ich selbst wende je nach den Erfordernissen der speziellen Situation und des Klienten verschiedene Formen des Heilens an.

Ich hörte einmal von einer Schülerin, die ihren geliebten spirituellen Lehrer aufsuchte und zahllose Fragen mitbrachte. Sie hatte nur alle zwei Jahre die Chance, ihn zu sehen, und sie glaubte, sie müsse diese kostbare Zeit optimal nutzen. Auch für ihren Mann hatte sie einen Termin vereinbart. Als sie hörte, ihr Mann habe die ihm zugestandenen zwanzig Minuten damit verbracht, zu lachen und kein Wort zu sagen, war sie entsetzt.

Jeder Mensch hat seine eigene Art, Dinge zu tun! Die Tibeter sagen, dass wir alle aus Erde, Luft, Feuer, Wasser und Raum bestehen. Deshalb erscheint es mir völlig natürlich, dass wir uns unseren natürlichen Neigungen entsprechend zu verschiedenen Arten der Heilung hingezogen fühlen. Warum sollte uns allen derselbe Schuh passen müssen?

Wenn etwas Wahrheit ist, stammt es aus der einen und einzigen Quelle. Damit meine ich die Liebe. Liebe ist Liebe. Man kann sie in die verschiedensten Gewänder hüllen, doch letztendlich ist Liebe das Einzige, was uns allen wichtig ist, das Einzige, das wir alle wollen, wovor wir aber auch so oft zurückschrecken.

In all den Jahren meiner Praxis habe ich niemanden kennen gelernt, der nicht an die Liebe glaubte. Selbst Menschen, die ihre Gefühle unterdrücken, Menschen, die zynisch sind oder von unvorstellbaren Schmerzen gepeinigt werden, ist bewusst: Wenn sie ein Kind sehen würden, das Gefahr läuft, überfahren zu werden, würden sie instinktiv hinter dem Kind herlaufen und es retten – selbst wenn sie nach diesem ersten Impuls zu dem Schluss kommen würden, dass es zu gefährlich sei zu helfen oder dass sie sich die Kleider schmutzig machen oder zu spät zur Arbeit kommen könnten ...

Tatsache ist und bleibt, dass jeder Mensch letztendlich ein gutes Herz hat. Wenn jemand die Intention hat, dieses gute Herz anzusprechen, kann das nicht falsch sein. Der Unterschied besteht darin, dass einige auf dem Klavier mit nur einem Finger spielen, während andere Konzertpianisten sind. Manche heilen lediglich ihr Kind, wenn es hinfällt, und andere machen es sich zur Lebensaufgabe, alle fühlenden Wesen zu heilen. Die Heilung kommt jedoch in allen Fällen aus der einen Quelle.

ACHTES KAPITEL

Heilen, nicht kurieren

Manche Menschen verwechseln das Heilen immer noch mit dem Kurieren im Sinne einer körperlichen Gesundung. Zwar wird dieses Missverständnis allmählich flächendeckend ausgeräumt, doch gibt es immer noch viele Menschen, die sich zum Heilen hingezogen fühlen, jedoch aus Zweifel darüber, ob es auch kuriert, davon Abstand nehmen. Weil Heilen nicht gleichbedeutend mit Kurieren ist, beschäftigen Krankenhäuser die verschiedensten Therapeuten alternativer Heilmethoden, aber keine Heiler.

Allerdings hat eine Untersuchung der Zeitschrift *Which* vom November 1995 gezeigt, dass sich 75 Prozent der Klienten, die sich Heilern anvertrauten, nach deren Behandlung wesentlich besser fühlten - ein erheblich höherer Prozentsatz als bei jeder anderen Therapieform. Über die Hälfte gab an, ihr Zustand habe sich stark verbessert - was ebenfalls ein wesentlich besseres Resultat ist, als sie jede andere Form von Therapie aufzuweisen vermag. Im April 1998 war in einem Artikel des *Journal of the Royal*

111

Society of Medicine zu lesen: »Mittlerweile liegen zahlreiche fundierte Untersuchungen vor, die die Wirksamkeit geistigen Heilens über jeden Zweifel erheben ...« Das Heilen wird in zunehmendem Maße als eine Methode betrachtet, den Menschen bei zahlreichen Beschwerden zu helfen, wobei sie relativ preiswert ist und keine Nebenwirkungen hervorruft, wie sie etwa bei den in der modernen Schulmedizin üblichen Behandlungen häufig auftreten. Daniel Benor, ein unermüdlicher Erforscher der Kunst des Heilens, schreibt in seinem Werk *Healing Research*: »Die Wirksamkeit des Heilens wird durch zahlreichere Untersuchungen bestätigt, als dies bei jeder anderen Art von Therapie mit Ausnahme der Psychoneuroimmunologie der Fall ist.« Er fügt hinzu: »Wenn das Heilen ein Medikament wäre, das sich vermarkten ließe, läge es schon längst in den Regalen der Apotheken.«

Warum also sind die Menschen dem Heilen gegenüber oft so ängstlich und zurückhaltend? Es mag Zynismus sein, doch ich glaube, der Grund ist eher, dass das Heilen keine anerkannte berufliche Tätigkeit wie etwa die Akupunktur ist. Zweifellos liegt die Schuld auch bei den Heilern: Es gibt zahlreiche Spinner, die unserem Handwerk keine guten Dienste erweisen. Doch sollte man das Heilen an sich aus diesem Grunde nicht generell unterschätzen. Da sich unmöglich überprüfen lässt, ob jemand das in den vorangegangenen Kapiteln Beschriebene beherrscht, kann das Heilen nie zu einem ganz normalen Beruf werden. Es entzieht sich allen Versuchen, es mit einem Stempel zu versehen.

Eine einfache Definition des Heilens könnte aus diesen Gründen von Nutzen sein. Mein Vorschlag lautet: Heilen zielt auf die Rückkehr zur Ganzheit. Dazu ein paar Denkanstöße:

■ Im Deutschen fragt man jemanden, der krank ist: »Was ist los?« Damit ist gemeint: »Was fehlt dir?«

■ Jesus heilte einmal einen Menschen mit den Worten: »Steh auf, deine Sünden sind dir vergeben.«

■ Wenn Sie sich in den Finger schneiden (natürlich nicht zu stark), heilt dieser von selbst wieder.

Der aktuelle Vorsitzende der *British National Federation of Spiritual Healers* ist sowohl Arzt als auch Heiler. Sein Traum ist, dass alle Ärzte und das gesamte Pflegepersonal in Großbritannien das Heilen in ihre Arbeit einbeziehen. Dieser große Traum könnte in Erfüllung gehen, wenn die Menschen ihre falschen Ansichten über das Heilen und ihre Ängste aufgeben würden.

Warum ist Heilen nicht gleichbedeutend mit Kurieren? Weil ich, wenn ich einen Sterbenden behandle, ebenso gut wie er weiß, dass er nicht kuriert werden wird. Es wäre geradezu unverantwortlich, einem

113

solchen Menschen zu versichern, die Behandlung werde ihm das Leben zurückgeben. Jeder Mensch hat eine bestimmte Lebenszeit und niemand vermag sich dieser Tatsache zu entziehen. Doch sind viele Menschen, die im Sterben lagen, in gewisser Weise »geheilt« gestorben. Dies ist keineswegs ein Widerspruch. Ich möchte das anhand eines Beispiels erklären.

Ein besonders trauriger Fall, den ich miterlebt habe, war der einer jungen Mutter, die mich aus dem Krankenhaus anrief. Meine erste Frage an sie war: »Möchten Sie leben?« Zu ihrem eigenen Erstaunen lautete ihre Antwort: »Nein.« Dies war der Beginn einer intensiven Suche und eines gewaltigen inneren Entwicklungsprozesses. Als der Zeitpunkt ihres Todes näher rückte, sagte sie zu mir, sie wolle nun leben. Dank der Selbsterforschung, die sie unterdessen durchlebt hatte, wusste sie nun, dass sie nach ihrem körperlichen Tod »leben« würde. Das mag zwar die härteste Art zu lernen sein, doch sie lernte es.

Ein anderer Fall, den ich hier schildern möchte, ist der tragischste, den ich jemals behandelt habe. Diese Frau war gleichzeitig auch meine größte Lehrerin. Nennen wir sie D.

Sie war 32, hatte zwei kleine Kinder und absolut kein Vertrauen zu irgendetwas. Sie hatte mit Anfang zwanzig Krebs gehabt, ihr Zustand hatte sich dann wieder gebessert, sie hatte geheiratet und zwei Kinder bekommen. Schließlich war der Krebs an der Wirbelsäule wieder aufgetreten und breitete sich schnell aus. Sie litt unvorstellbar. Als ihr Tod sich ankündigte, bekam ich mein drittes Kind. Sie, die als Vertreterin des Sternzeichens Stier ihren Besitz liebte, gab mir die Kleider ihres jüngsten Sohns.

Sie hätte so gern an etwas geglaubt. Sie hoffte, dass ihr Vater sie »auf der anderen Seite« erwartete. Ich hatte sie zwei Jahre lang immer wieder behandelt und sie, als sie allmählich immer schwächer wurde, häufiger besucht. Sie suchte auch andere Therapeuten und Heiler auf und sprach mit Priestern – einfach mit allen, von denen sie sich erhoffte, dass sie ihr helfen könnten, ihren eigenen Pfad zu finden. Sie erzählte mir, sie sei sich wie in einem Traum vorgekommen, als ihr Arzt ihr mitgeteilt habe, sie hätte nur noch ein paar Wochen zu leben und es gebe keine Möglichkeit, etwas daran zu ändern. Sie hatte sich bei mir ausgeweint, als ein Arzt, der eine neuartige Operationstechnik an ihr erprobte, ihr einzureden versucht hatte, sie *müsse* sich besser fühlen. Tatsächlich hatte die Behandlung jedoch keinerlei Wirkung. Sie hörte sich die Tonbänder an, die ich ihr gab, und versuchte zu meditieren. Doch all das führte zu nichts. Sie hatte große Angst. Sie wollte nicht loslassen. Es betrübt mich, wenn ich mich daran erinnere, wie ich sie zu Hause besuchte und sie nicht mehr gehen konnte. Ihr

Mann, der sich neben seiner normalen Arbeitsbe-
lastung auch noch um die beiden Kinder kümmern
musste, wirkte völlig erschöpft, als er das Abend-
essen zubereitete. Es gab für diese Familie so wenig
Hilfe. Hospize sind keine Hotels, hatte man ihr
gesagt. Sie lag den ganzen Tag über allein zu Hause,
zu schwach, um sich zu bewegen, und ohne dass
jemand sie besucht hätte. Als ich einmal bei ihr war,
schaute ein japanischer Student durch den Brief-
kastenschlitz in der Haustür. Er hatte unzählige
Male geklingelt und sie hatte versucht, auf Krücken
zur Tür zu gehen, um ihm zu öffnen – was unglaub-
lich schmerzhaft für sie war. Er verstand sie nicht
und sie verstand ihn nicht. Es stellte sich heraus,
dass er eigentlich ein anderes Haus suchte und dass
er die falsche Hausnummer hatte ...

Sie merkte, dass sie »entbehrlich« wurde, und
erzählte mir verzweifelt, ihr sei klar, dass ihr Mann
ohne sie fertig werden könne; doch dass offenbar
sogar ihre Kinder ohne sie auskämen, setzte ihr sehr
zu. Sie hielt bis Weihnachten durch und kaufte
ihren Kindern wundervolle Weihnachtsgeschenke.
Ein nach Rosen duftendes Aromaöl war das Einzige,
was ihre Stimmung zu bessern vermochte. Außerdem erzählte sie mir, sie habe nie »erhabene« Musik
gehört. Ich versuchte also, ihr ein Band mit Musik
dieser Art zusammenzustellen. Das war nicht leicht
(diesbezügliche Vorschläge nehme ich dankbar ent-
gegen). Sie hörte diese Musik im Hospiz, während

sie bewusstlos war. Doch ich wusste, dass sie es hörte. Sie war immer noch auf der Suche. Ich wandte mich an jene, die größer sind als ich, und wusste, dass sie für sie beteten. Und schließlich starb sie. Das geschah zufällig, als eine Hospizschwester anwesend war, die sie »hinüberbegleiten« konnte. Die Schwester erzählte mir, es sei gelungen.

Bei der Beerdigung, an der viele Menschen teilnahmen, sagte der Priester zu uns, ihre letzten Worte auf dem Tonband, das sie für ihre Kinder hinterlassen habe, seien gewesen: »Ich kann so vielen Menschen helfen.«

Ich glaube, dass es ihr geglückt ist, ihr Leiden zu transzendieren, und dass sie wahrhaft zum Verständnis der Bedeutung von Mitgefühl gelangt ist.

Man hört immer wieder, es schicke sich nicht, über zu persönliche Erlebnisse zu sprechen. Ich möchte Ihnen trotzdem noch ein weiteres schildern, weil ich hoffe, dass die Leser davon profitieren werden, die zweifeln oder große Angst vor dem Tod haben. Ich habe immer tief in meinem Inneren gewusst, dass das Bewusstsein nicht mit dem Tod endet, und natürlich habe ich auch »alles« darüber gelesen; aber ich habe nie selbst eine Nahtoderfahrung gemacht wie so viele andere Menschen, und deshalb kann ich nicht behaupten: »Ich weiß.« Mehrere Wochen nach D.s Tod behandelte ich eine Klientin, die an Engel glaubte. Ich möchte mich zu der Frage, ob ein solcher Glaube gerechtfertigt ist, weder positiv noch negativ äußern. Am Tag der Behandlung spürte ich die Präsenz von D. Sie mögen mich nun für völlig durchgeknallt halten, aber ich habe keinen Grund zu lügen. Sie schwebte über meiner linken Schulter, war in meiner Vision viel kleiner als im Leben und lächelte mich strahlend an. Sie schwang einen Zauberstab und schwebte nach einer Weile davon. Ich sah, wie glücklich sie war: *Sie half anderen.* Das war alles. Ich bin ungeheuer dankbar für diesen kurzen Einblick. Es war der Beweis: Sie war geheilt worden, nicht kuriert.

Ihr Mann heiratete kurz darauf wieder und er ist sehr glücklich darüber, dass ihm seine zweite Frau ein drittes Kind geschenkt hat. Aufgrund unserer beschränkten Wahrnehmung entsteht all unser Schmerz dadurch, dass wir an unserer Sicht von etwas festhalten, das in Wahrheit anders ist. Ein bekanntes Sprichwort lautet: Der Mensch denkt, Gott lenkt. Die Dinge sind nicht so, wie sie zu sein scheinen oder wie wir sie uns wünschen. Doch alles ist vollkommen, so wie es ist. Wir sind einfach nur nicht in der Lage, das zu erkennen.

Der Tod ist für die Menschen ein so Angst einflößendes Thema. Warum? Er ist das Einzige, das wir mit Sicherheit von unserem Leben wissen. Vor ein paar Jahren nahm ich an einem wundervollen Kurs von Christine Longaker teil, die ein ausgezeichnetes Buch mit dem Titel *Dem Tod begegnen und Hoffnung finden* geschrieben hat. Ich übernachtete anlässlich dieses Kurses bei Freunden in London. Am Abend fand bei ihnen eine Dinnerparty statt. Als ich bei Tisch gefragt wurde, weshalb ich in London sei, und ich davon berichtete, wandte sich das Gespräch sofort einem anderen Thema zu. Am Ende der Party flüsterte mir ein Gast beim Abschied zu: »Ein wunderbares Vorhaben, aber es passt jetzt nicht.« Aber wann dann? Wenn wir plötzlich an einem Herzinfarkt sterben?

Mein Vater ist 78 Jahre alt und wir sprechen häufig über seinen Tod. Er hat all seinen Kindern eine Kopie seines Testaments gegeben. Dadurch kann ein möglicher Streit über seinen letzten Willen und die Erbschaft vor seinem Tod ausbrechen. Beispielsweise weiß er, dass mich seine Verfügung irritiert, seine »Söhne« sollten seine Asche verstreuen, nicht seine Tochter. Er weiß auch, dass ich Gebete für ihn sprechen werde und dass einer meiner Lehrer noch wirksamere Gebete für ihn sprechen wird. Manchmal weinen wir auch gemeinsam. All dies macht die gemeinsame Zeit, die uns noch verbleibt, kostbarer. Wir streiten zwar immer noch miteinander und bekommen schlechte Laune, aber wir beschäftigen uns auch mit den wichtigen Themen. Ich kann das nur empfehlen. All das ist Teil des Heilens, sei es des Heilens anderer oder unserer selbst.

Nachdem der Unterschied zwischen Heilen und Kurieren nun wohl deutlich geworden sein dürfte, sollte ich vielleicht auch erläutern, wie ein Heiler beim Umgang mit einem Sterbenden von Nutzen sein kann. Oft wird man als Heiler zu einem Sterbenden gerufen, weil das Pflegepersonal, die Ärzte, die Freunde oder die Angehörigen nicht in der Lage sind, den Übergang zu bewältigen. Manchmal erhofft man sich von einem Heiler auch ein Wunder. Wie also können Sie von Nutzen sein?

Auf keinen Fall, wenn Sie selbst sich fürchten – und auch nicht, wenn Sie zu sehr mit sich selbst beschäftigt sind. Ich kann hier nur ein paar Anregungen geben, die keineswegs erschöpfend sind; aber ich hoffe, sie sind Ihnen ein wenig von Nutzen.

Ich möchte an dieser Stelle noch einmal darauf hinweisen, dass ich immer ein paar Minuten meditiere, bevor ich ein Krankenhaus oder die Wohnung eines Klienten betrete. Das Leben ist so intensiv, wenn es zu Ende geht, und eine Heilerin muss klar sein.

1. Seien Sie ruhig.

2. Seien Sie bereit zuzuhören.

3. Sprechen Sie nicht über das Wetter. Das tun schon zahllose andere.

4. Bleiben Sie nicht lange.

5. Sprechen Sie über die Dinge, die andere aus Angst nicht erwähnen.

6. Wenn Sie danach gefragt werden und wenn Sie sich dazu in der Lage fühlen, können Sie über das Leben nach dem Tode sprechen.

7. Sagen Sie stets nur die Wahrheit. Sterbende sind ungeheuer sensibel für verräterische Pausen.

8. Versetzen Sie sich in die Lage des Sterbenden – sowohl während der Behandlung als auch davor und danach.

9. Halten Sie die Hände des Sterbenden und konzentrieren Sie sich darauf. Alle Handpositionen anzuwenden behindert möglicherweise die Konzentration und kann sogar den Schmerz verstärken. Außerdem wirken die Handpositionen bei Menschen, die im Bett liegen, anders. Doch wenn es problemlos möglich ist, lege ich auch gern meine Hände über den Kopf des Klienten.

10. Wenn ein Klient dem Tod sehr nahe ist, sollten Sie nicht einmal seine Hände halten. Erst kürzlich habe ich erfahren, dass das Bewusstsein im Augenblick des Todes aus dem Scheitel austritt. Deshalb sollte man Sterbende nicht dazu anzuhalten, ihren Fokus wieder auf ihren Körper zu richten. Den obersten Scheitelpunkt zu berühren ist, falls möglich, das Beste, was Sie für einen Sterbenden tun können.

11. Seien Sie sich Ihrer Position und Rolle bewusst. Mediziner sind ebenso wie oft auch die Verwandten in dieser Situation zu sehr mit ihrer Sichtweise der Dinge beschäftigt. Sie hingegen sind nur für den Sterbenden da. Tun Sie, was Sie tun können, und gehen Sie dann. Lassen Sie sich nicht emotional auf die Situation ein.

12. Schweigen Sie nicht aus Furcht oder weil Ihnen nicht das »Richtige« einfällt, was Sie in solch einer Situation sagen könnten. Ich habe oft gehört, dass Heiler frustriert waren, weil die Verwandten schweigend herumsaßen oder nur über unwichtige Dinge sprachen. Das ist so, als würde man jemanden, der in einem Rollstuhl sitzt, anschauen, aber nur mit der Person sprechen, die den Rollstuhl schiebt. Wenn ein Mensch stirbt, bedeutet das nicht, dass der Betreffende verrückt geworden ist oder kein Bedürfnis mehr hat sich auszudrücken. Seien Sie sensibel.

13. Mit dem letzten Atemzug eines Menschen ist noch keineswegs alles vorbei. Senden Sie dem Toten weiter Licht oder setzten Sie die Praxis des Austauschs mit ihm noch über Wochen hin fort. Das hilft sowohl ihm als auch Ihnen selbst. In der tibetischen Tradition wird empfohlen, nicht zu weinen. Mir selbst ist dies bisher noch nicht gelungen, obwohl es heißt, dass das Weinen das Bewusstsein

des Verstorbenen davon abhält, seinen Weg fortzusetzen. Wenn uns nur wirklich klar wäre, dass Trauer nichts anderes ist als ein ichzentriertes Gefühl und im Grunde nichts mit dem Sterbenden oder Toten zu tun hat, könnten wir diese Emotion wahrscheinlich besser abwehren. Das ist aber ziemlich schwierig ...

Es gibt noch so viel zu diesem Thema zu sagen, doch ich hoffe, dass Ihnen auch diese wenigen Hinweise nutzen werden. Falls sie Ihnen schon bekannt sind und Sie selbst weitere nützliche Empfehlungen haben, bitte ich Sie, sie mir mitzuteilen.

NEUNTES KAPITEL

Fragen und Antworten

Ich hoffe, dass ich einige Fragen beantworten kann, die Sie noch haben. Manche davon sind sehr komplex und ich kann Ihnen dazu nur Antworten anbieten, die auf meinen persönlichen Erfahrungen basieren. Trotzdem hoffe ich, dass sie Ihnen ein wenig nützlich sein werden.

Wie oft soll ich heilen?

Das ist generell schwer zu sagen. Wenn es sich um Handauflegen in einer idealen Umgebung handelt, empfehle ich grundsätzlich, die Klienten dreimal zu behandeln, wobei zwischen den einzelnen Terminen jeweils eine Woche liegen sollte. 99 Prozent aller Klienten spüren schon nach der ersten Behandlung eine Wirkung, doch fangen einige erst nach drei Behandlungen an, sich auf eine langfristig wirksame Weise zu entspannen. Nach den drei Behandlungen überlasse ich die Entscheidung über das weitere Vorgehen den Klienten. Dies ist oft ein wichtiger Bestandteil der Behandlung. Auch Geld oder

Gefühle der Verbundenheit können die Entscheidung beider Beteiligten beeinflussen. Wenn Klienten ein wenig unsicher sind, kann eine gewisse Führung nützlich sein. Doch halte ich nichts davon, lange Behandlungen als unbedingt notwendig zu empfehlen.

Wenn Sie es mit einem »schwierigen« Fall zu tun haben (beispielsweise mit einem Klienten, der ohne jeden Erfolg schon viele andere Behandlungsmethoden ausprobiert hat) und der betreffende Klient keine finanziellen Probleme hat, ist eine längere Behandlung zu empfehlen, damit eventuelle starke Blockaden aufgelöst werden können.

Leidet ein Klient an Krebs oder an einer anderen Krankheit mit schlechten Genesungsprognosen, so müssen Sie gemeinsam mit ihm über die Gestaltung der Behandlung entscheiden. Meist wird in solchen Fällen keine zeitliche Grenze für die Behandlung festgelegt. Falls die betreffenden Klienten es sich leisten können, sollten sie so viele Behandlungen wie möglich bekommen – Sie können ihnen ja »Mengenrabatt« gewähren.

Ich habe es mir generell zu Regel gemacht, kein Honorar zu nehmen, wenn ich Klienten im Krankenhaus aufsuche. Dafür Geld zu nehmen kommt mir falsch vor. Doch ich halte es für ebenso falsch, einen Klienten so zeitintensiv zu behandeln, dass die Behandlung anderer Klienten deshalb zu kurz kommt. Zeit ist ein sehr kostbares Gut. *Sie* müssen jeden Fall auch in dieser Hinsicht beurteilen und Ihr eigenes Maß finden. So viele Heiler (ich selbst natürlich auch!) halten sich für ungeheuer wichtig. Aber das ist nicht so: Auch wir sind entbehrlich. Ich möchte in diesem Zusammenhang Matthew Mannings Worte wiederholen: »Sind Sie da, weil Sie es lieben zu geben oder weil Sie selbst Liebe brauchen?«

Natürlich können Sie jederzeit Fernheilungen durchführen. Dafür gibt es keine zeitliche Begrenzung und Sie brauchen auch kein Honorar zu verlangen ...

Soll ich ein Honorar berechnen oder nicht?

Ich selbst habe Jahre gebraucht, um die Antwort auf diese Frage zu finden. Meine persönliche Meinung ist: Wenn Sie kein Geld nehmen, respektieren Ihre Klienten Ihre Arbeit möglicherweise nicht. In England gehen die meisten Menschen zu praktischen Ärzten, die für den Gesundheitsdienst arbeiten, weil sie dann nichts zu bezahlen brauchen. Müssten sie bezahlen, so würden sie entweder erst gar nicht zum Arzt gehen oder dem Arzt wirklich zuhören und seinem Rat folgen. Dabei fällt mir noch etwas anderes ein: Ist Ihnen eigentlich schon aufgefallen, dass Ärzte mittlerweile oft die Funktion von Priestern übernehmen?

Ich kann mich zwar glücklich schätzen, dass einige Ärzte Patienten zur Behandlung an mich überweisen, aber ich bin mir sicher, dass Klienten, die auf diese Weise zu mir kommen, nicht im gleichen Maße das Bedürfnis haben, geheilt zu werden, wie diejenigen, die selbst für das Heilen bezahlen. Beide Kliententypen gehen von völlig unterschiedlichen Voraussetzungen aus. Die einen brauchen einen »Papa«, die anderen nicht. Die einen brauchen das Gefühl, »aus dem Gleichgewicht« geraten zu sein, die anderen möchten sich als Ganzes fühlen. Damit will ich nicht behaupten, dass sich der Zustand der ersten Gruppe nicht verbessern kann oder wird, aber dazu benötigen sie möglicherweise mehr Hilfe. Natürlich gibt es immer auch Ausnahmen von dieser Regel.

Außerdem spielt natürlich Ihre eigene innere und äußere Situation eine wichtige Rolle. Wenn Sie eine Familie ernähren müssen und trotzdem ständig Menschen ohne Honorar heilen, handeln Sie dann aus Mitgefühl oder ist Ihr Motiv Selbstaufopferung? Eine wohlhabende, spirituell engagierte Freundin von mir berechnet für ihre Behandlungen ein geringes Honorar. Sie ist der Überzeugung, dass sie andernfalls denjenigen, die durch das Heilen ihren Lebensunterhalt bestreiten müssen, in den Rücken fällt. Natürlich verdient man im Grunde kein Geld am Heilen. Wie könnte man für die Übermittlung von Liebe Geld fordern? Vielmehr ist das Honorar als Entschädigung für die Zeit anzusehen, die man mit dem Klienten verbringt, sowie für die Zeit, die man für die Ausbildung verwendet hat. Was wir geben, kommt wieder zu uns zurück. Und was zu uns kommt, fließt auch wieder von uns weg. Wenn Sie sich nicht ernähren können, wie sollen Sie dann andere nähren? Sie müssen hier die goldene Mitte finden.

Auch wenn Sie Freunde behandeln, müssen Sie sich über die Honorarfrage Gedanken machen. In welchem Verhältnis steht *Ihr* Verlangen, ihnen *Ihre* Überzeugung, dass Sie ihnen helfen können, aufzudrängen, zum Wunsch der Betreffenden, eine Heilung zu empfangen? Gewöhnlich kommt es nur bei Freunden vor, dass sie nicht zum Behandlungstermin erscheinen oder dass sie die Behandlung als eine Selbstverständlichkeit ansehen. Falls Sie sich über solche Vorkommnisse ärgern, sollten Sie die Übung des Austauschs noch einmal wiederholen. Danach fühlen Sie sich *beide* besser, ohne dass Streitigkeiten und Meinungsverschiedenheiten entstanden wären.

Mein Vater wurde bei fast jedem geselligen Anlass gebeten, sich einen eingewachsenen Zehennagel oder einen Pickel auf dem Bauch von jemandem anzusehen. Er kam solchen Wünschen stets nach, doch was mögen die übrigen Gäste dabei gedacht haben? Ich selbst lege bei geselligen Anlässen Menschen die Hände auf, wenn sich die Gelegenheit ergibt, und kümmere mich nicht darum, wie das auf die übrigen Anwesenden wirken mag. Außenstehende können jedoch sehr empfindlich darauf reagie-

129

ren. Außerdem fangen sie dann oft an, Ihr Tun zu bewerten – beispielsweise indem sie behaupten, Sie täten das nur, weil Sie »einen über den Durst getrunken« hätten. Man muss sich stets fragen, was für den Empfänger einer Heilung am besten ist. Jede Situation erfordert eine andere Art von Reaktion.

Wenn Sie an einem Seminar oder Workshop teilgenommen haben, durften Sie möglicherweise erleben, wie sich die Negativität Ihres Alltagslebens auflöste. Am dritten oder vierten Tag tritt bei solchen Anlässen gewöhnlich die natürliche Liebe zutage. Am fünften oder sechsten Tag bietet jeder Teilnehmer jedem anderen irgendeine Art von Therapie an. Alle umarmen einander, hegen gütige Gedanken und verabreichen den anderen Heilbehandlungen, Reiki, Massagen oder was auch immer. Mit anderen Worten: In der passenden Umgebung werden alle relativen Urteile und Meinungen ebenso unwichtig wie Geld. Gott sei Dank! Die Welt könnte sich durchaus ein Beispiel daran nehmen ...

Sollen wir aufhören, schulmedizinische Heilmittel einzunehmen?

In dieser Hinsicht bin ich ultraorthodox. Ich sehe es nicht als Problem an, wenn Menschen weiter die von Schulmedizinern verschriebenen Medikamente einnehmen, während sie eine Heilbehandlung empfangen. Unabhängig davon bin ich der Meinung, dass Medikamente viel zu häufig verschrieben werden und den Betreffenden oft zum Nachteil gereichen, doch halte ich andererseits auch nichts davon, das Kind mit dem Bade auszuschütten: Ein befreundeter Arzt gründete ein Krankenhaus, in dem Menschen, die an Geisteskrankheiten litten, ohne Medikamente behandelt wurden. Leider funktionierte es nicht. Damit will ich nicht sagen, dass man durch längerfristige Behandlung eines solchen Klienten in Zusammenarbeit mit einem Arzt nicht erreichen könnte, dass der Betreffende mit einer geringeren Medikamentendosis auskommt. Doch ist dazu die Kooperation der Mediziner unbedingte Voraussetzung.

Mittlerweile ist wohl allgemein bekannt, dass Antibiotika oft nicht die erhoffte Wirkung erzielen. Trotzdem sind auch sie in bestimmten Fällen für die Erhaltung des Lebens unverzichtbar. Als meine Tochter sechs Monate alt war und schwer erkrankte, musste sie zunächst mit Antibiotika behandelt werden; gleichzeitig habe ich bei ihr auch andere Heilmethoden angewandt. Möglicherweise haben die Antibiotika ihr das Leben gerettet, und wenn ich sie ihr nicht gegeben hätte, wäre sie vielleicht gestorben.

Anlässlich einer Tagung von Ärzten und Heilern, an der ich vor einiger Zeit teilnahm, lernte ich eine russische Ärztin kennen, die zugleich auch Heilerin ist. Sie hatte das Problem, dass alle Patienten sie aufsuchten, weil sie als Heilerin bekannt war. Diese

Patienten weigerten sich selbst dann, Antibiotika einzunehmen, wenn sie ihnen aufgrund ihrer Fachkenntnisse als Ärztin erklärte, dass die Antibiotika ihnen genau die Heilung bringen würden, die sie suchten. Deshalb war sie sich mittlerweile selbst nicht mehr sicher, ob sie in solchen Fällen auf der Einnahme von Antibiotika bestehen sollte. Als ich ihr erzählte, wie es meiner Tochter ergangen war, schwanden ihre Zweifel und ihr gesunder Menschenverstand setzte sich durch. Auch dieses Beispiel zeigt, dass Glauben und Vertrauen allein nicht ausreichen, sondern sich mit den der Situation angemessenen Methoden verbinden müssen ...

Warum wirken Heilungen nicht immer?

Sie wirken *immer*, selbst dann, wenn sie nicht wirken. Ich habe bereits an einer früheren Stelle darauf hingewiesen, dass die Heilungsarbeit auch dann – auf anderer Ebene – wirkt, wenn Sie keine heilsame Wirkung erkennen. Schlimmstenfalls fühlen sich die Klienten nur etwas beruhigter; bestenfalls sind sie geheilt. Zwischen diesen beiden Extremen gibt es viele Abstufungen. Viele Menschen werden mit einem kranken Zeh zu Ihnen kommen. Vielleicht ist ihr Zeh noch nicht geheilt, wenn sie wieder weggehen, doch wirkt es lindernd auf ihren Schmerz, wenn sie ihrem Problem gegenüber eine ruhigere Haltung entwickeln.

Mir fällt dazu eine Geschichte ein, die Ram Dass über seinen Lehrer erzählte. Als dieser an Magenkrebs erkrankt war, fragte ihn einer seiner Schüler: »Tut das denn nicht weh?« Der Lehrer brach in schallendes Gelächter aus und sagte: »Es fühlt sich so an, als ob mich eine Million Bienen gleichzeitig stechen würden.« Der Schmerz vermochte ihn nicht abzulenken. Er konnte immer noch lachen. Schmerz wirkt viel stärker, wenn wir uns an ihn klammern. Ein anderer Schüler suchte seinen Lehrer auf und fragte ihn: »Und was ist mit meiner Arthritis?« Der Lehrer antwortete: »Schauen wir uns doch erst all die anderen mit Arthritis an.« Der Schüler fühlte sich zutiefst verletzt, doch traf es nur sein Ich. Er lernte bei diesem Anlass, dass man Schmerzen überwinden kann, indem man sich auf andere Menschen konzentriert. Wenn Klienten Mitgefühl entwickeln, lernen sie dadurch, sich selbst zu heilen. Dies mag paradox scheinen. Heilen ist letztlich eine egoistische Angelegenheit: Durch andere lernen wir, uns selbst zu heilen. Auch wenn das nicht unser Motiv ist, ist beides doch eng miteinander verbunden.

Und natürlich sind auch Heilungen im medizinischen Sinne möglich. Chance und Risiko sind im Grunde ein und dasselbe. Matthew Manning hat mittlerweile bewiesen, dass er in der Lage ist, Krebszellen abzutöten. Einige seiner Klienten müssten eigentlich längst tot sein, haben aber schon seit

133

Jahren den von den Medizinern vorhergesagten Todestermin überschritten. Wie wunderbar! Es gibt tatsächlich Wunder. Doch muss man hier stark differenzieren: Ich spreche nicht von den so genannten Heilungen, bei denen sich Menschen aufgrund einer intensiven Gruppenenergie aus ihren Rollstühlen erheben, um ein paar Stunden später wieder zusammenzubrechen. Ich meine echte, dauerhafte Wunder. Ich bezweifle nicht, dass sie geschehen, wenn ein Klient zur richtigen Zeit am richtigen Ort auf den richtigen Heiler trifft. Das Karma der Beteiligten bewirkt in solchen Fällen, dass ein Wunder geschieht. Sie haben gelernt, was sie haben lernen müssen, und brauchen die »Krankheit« nicht mehr.

Ich habe viele Jahre lang geglaubt, wenn jemand nur genügend gläubiges Vertrauen hätte, würden solche Wunder geschehen. Als ich dann selbst einmal krank wurde, erwartete ich ein Wunder, weil ich so großes Vertrauen zu haben glaubte. Welch wichtige Lektion! So funktioniert es einfach nicht. Heilerin, heile dich selbst! Ich musste damals lernen, dass man das Karma einfach ausleben muss. Ich kann den Heilungsprozess zwar durch Gebet und Übung beschleunigen, doch kann ich ihn nicht allein durch gläubiges Vertrauen überflüssig machen, und auch weder Gott noch Buddha oder Allah können das. Wie enttäuschend! Doch das ist auch die Erklärung dafür, weshalb die Welt so ist, wie sie ist. Sonst könnten Gott, Buddha oder Allah uns allein durch die Kraft ihres Willens jegliches Leiden ersparen.

Um diesen Gedanken noch ein wenig weiterzuspinnen (und um der Leser willen, die in ihrem Leben Höllenqualen erleiden, was ich nicht überheblich herunterspielen möchte): Würden *Sie* ständig im Himmel leben wollen? Ich erinnere mich, dass es ein Buch genau zu diesem Thema gibt. Es handelt von Menschen, die ständig alles haben, was sie wollten, und die diesen Zustand hassen! Chuck Spezzano formuliert es so: »Wenn wir auf einer Wolke säßen und von dort herabschauen und wählen könnten, welches Leben wir führen wollten, würden wir uns dann für ein Leben entscheiden, in dem wir jeden Tag am Strand auf den Bermuda-Inseln verbringen würden, oder würden wir unser jetziges Leben wählen?« Ich glaube, wenn wir wirklich ehrlich wären, würden wir das Leben wählen, das wir tatsächlich führen, mit Warzen und allem, was sonst noch dazugehört.

Eine erfolgreiche Heilung kann also auch in der Erkenntnis bestehen, dass unser Leiden der Pfad ist, auf dem wir lernen. Damit möchte ich nicht den Eindruck erwecken, dass wir bis in alle Ewigkeit diesem Pfad folgen müssen. Ebenso wenig geht es darum, dass wir daran arbeiten müssen, ihn zu verlassen. Es geht mir nur darum, dass wir ihn durch Mitgefühl sublimieren können. Wenn jemand lernt, zu meditieren und die Übung des Austauschs durchzuführen, findet im Inneren dieses Menschen eine Heilung statt und später wirkt sich diese Heilung möglicherweise auch auf der physischen Ebene aus. Wahre Heilung geschieht immer zunächst in unserem Inneren.

Manchmal müssen wir lernen, geduldig zu sein. Ärzte, die sich ihr Leben lang mit Medizin beschäftigt haben, werden Ihnen bestätigen, dass die Menschen noch vor ein paar Jahrzehnten keine schnellen Erfolge erwarteten. Wir hingegen wollen heute möglichst *auf der Stelle* geheilt werden. Das funktioniert leider nicht. Natürlich können Sie Tabletten nehmen, um Schmerzen zu übertünchen, doch ist das genauso, als würden Sie Risse in der Wand einfach überkleistern: Das Überkleistern ändert nichts an der Notwendigkeit, die Risse auszufüllen.

Aus diesem Grund kann es sogar nützlich sein, wenn wir eine Grippe bekommen. Eine solche Krankheit kann bei jemandem, der andernfalls nicht abschalten würde, einen Reinigungsprozess einleiten. Solche Menschen lassen ihren Körper und Geist erst dann das dringend Notwendige tun, wenn sie wirklich nicht mehr aufrecht stehen und auf ihre Papiere oder ihren Laptop schauen können. Dann endlich lassen sie los! Eine Grippe kann also tatsächlich heilend wirken. Es kann sein, dass Handauflegen zwar die Symptome lindert, die Gesamtsituation jedoch verschlimmert. Was geschehen muss, wird trotzdem geschehen.

Wie oft wollte mein Ich schon ein bestimmtes Resultat erzielen! Mittlerweile ist es mir gelungen, das zu unterbinden. Ich lasse die Heilung so wirken, wie *sie* will. Das Resultat ist für mich stets eine Überraschung. »Wunder« geschehen gewöhnlich, wenn ich sie am wenigsten erwarte; sehne ich sie hingegen herbei, so geschieht nichts. »Ich« habe nichts damit zu tun, abgesehen davon, dass ich Menschen ermutige oder nötige, ihre Hausaufgaben zu machen: Meditation, Geistestraining – Sie kennen die Methoden mittlerweile ...

Wie lange soll eine Sitzung dauern?

Auch das ist unterschiedlich. Mit zunehmender Erfahrung werden Sie es spüren.

Als Anhaltspunkt können Sie sich folgendes Schema merken: zwanzig Minuten Gespräch, zwanzig Minuten Visualisation oder psychologische Arbeit und zwanzig Minuten Heilung. Meist reichen zwanzig Minuten für das Handauflegen aus. Manchmal vermögen aber auch vierzig Minuten Wunder zu vollbringen. In anderen Fällen sind zehn Minuten ausreichend, weil einige Menschen einfach nicht mehr vertragen.

Mir ist aufgefallen, dass die Heilung dann am stärksten wirkt, wenn die Zeit stillzustehen scheint. Was mir wie Stunden erscheint, erlebt der Klient wie eine Sekunde, und umgekehrt. Das mag merkwürdig klingen, ist aber tatsächlich so. Wahre Heilung findet außerhalb der Zeit statt.

Wann biete ich meine Dienste an?

Grundsätzlich nur dann, wenn Sie darum gebeten werden. Die Übung des Austauschs können Sie jederzeit »ohne Erlaubnis« ausführen; doch das Handauflegen erfordert unbedingt die aktive Teilnahme der anderen Seite.

Ist es wichtig, dass die Klienten an die Heilung glauben?

Absolut nicht! Der Titel von Matthew Mannings Buch *No Faith Required* (»Glauben ist unnötig«) passt in diesem Zusammenhang sehr gut: Der Autor hat bewiesen, dass sogar Krebszellen in Reagenzgläsern auf Heilen reagieren. Und Krebszellen in Reagenzgläsern »glauben« wohl kaum. Damit will ich den Glauben keinesfalls generell diskreditieren, sondern nur klarstellen, dass er nicht unbedingt erforderlich ist.

Warum scheinen die Hände von Heilern oft so starke Hitze auszustrahlen?

Ich weiß es nicht. Durch Untersuchungen wurde festgestellt, dass sich die Temperatur in den Händen der Heiler während des Heilens nicht verändert.

Vielleicht beruht diese Wirkung auf der Macht des Denkens? In diesem Zusammenhang ist interessant, dass oft Störungen in elektrischen Leitungen auftreten, wenn sich Menschen mit okkulten Kräften, die aus dem Gleichgewicht geraten sind, in der Nähe befinden ...

Was ist von Fernheilung zu halten?
Indem Sie die Übung des Austauschs ausführen, praktizieren Sie schon Fernheilung. Falls Sie eine stärker strukturierte Form der Fernheilung vorziehen, können Sie diese während der Meditation ausführen und dazu ein Foto von der Person, der die Heilung zugute kommen soll, benutzen. Fernheilungen sollten möglichst häufig wiederholt werden.

Wie lange sollte man warten, bevor man mit der Heilungsarbeit beginnt?
Das müssen Sie selbst entscheiden. Jedenfalls sollten Sie erst dann zu heilen anfangen, wenn Sie das notwendige Selbstvertrauen entwickelt haben und wissen, dass Sie aus dem Herzen heraus heilen.

Wie stelle ich fest, ob ich »es richtig mache«?
Das können Sie nicht feststellen. Menschen werden zu Ihnen kommen, und wenn Sie ihnen helfen, wird

sich das herumsprechen und immer neue werden kommen. Wenn Sie niemandem helfen, werden die Klienten ausbleiben. Erwarten Sie jedoch nicht, dass ganze Horden zu Ihnen pilgern werden. Mit dem Heilen können Sie nur dann viel Geld verdienen, wenn Sie über wirklich außergewöhnliche Fähigkeiten verfügen. Das Geld kommt und geht, so wie Sie es brauchen, um immer mehr zu lernen. Sorgen Sie vor allem dafür, dass Ihre Motivation möglichst rein bleibt.

Wenn es Menschen nach der Behandlung besser zu gehen scheint, ist das dann mein Verdienst?
Nein. Es kann natürlich die Wirkung des Heilens sein, aber es sind immer viele verschiedene Faktoren im Spiel. Ich persönlich glaube lieber daran, dass die Klienten selbst die Auflösung der Blockaden ermöglicht haben. Das kann durch eine Kombination von schulmedizinischen Maßnahmen, der Entschlossenheit des Betreffenden, gesund zu werden, und seinem Besuch bei Ihnen eintreten. Wer weiß das schon? Jedenfalls weder Sie noch ich, es sei denn, wir wären erleuchtet.

Wie lange hat Ihre Ausbildung gedauert?
Mein ganzes Leben lang (oder viele Leben lang), und sie hat gerade erst begonnen.

Ich hoffe, dass Sie Ihre Reise ebenso genießen werden, wie ich die meine genossen habe. Ich wünsche Ihnen, dass Sie so vielen Menschen wie möglich helfen werden. Möge die Liebe mit Ihnen sein!

Don't worry, be happy – sorgen Sie sich nicht, seien Sie glücklich.

Dank

Für Jigme Khyentse Rinpoche und alle Lehrer, die mich auf meinem Weg begleitet haben – genannte und ungenannte: Das Gute in diesem Buch stammt von ihnen, das Schlechte von mir. Ihnen allen danke ich, und auch die Urheberrechte stehen ihnen zu.

Meinem Mann und meinen Kindern danke ich für ihre Geduld, ihre Ermutigung, Unterstützung und Liebe zu der Frau, die ich Tag für Tag bin. Möge ich lernen, in stärkerem Maße in die Tat umzusetzen, was ich in diesem Buch beschreibe. Mein besonderer Dank gilt Oliver, der mir zuhörte, während ich ihm die einzelnen Kapitel vorlas.

Ich danke auch Thierry und Karin dafür, dass sie mich »an Bord genommen« haben. Danke.

Literatur

BENOR, DANIEL: *Healing Research*, Bd. 1, Southfield: Vision Publications 2000

BROWN, CRAIG: *Optimum Healing*, London: Rider 1999

DEEPAK CHOPRA: *Das Gewicht, das zu mir paßt*, München: Heyne 1998

Journal of the Royal Society of Medicine, 91 (April 1998), S. 183–188

KINGSTON, KAREN: *Heilige Orte erschaffen mit Feng Shui*, München: Econ 2000

LAING, RONALD D.: *Knoten*, Reinbek: Rowohlt 1993

LONGAKER, CHRISTINE: *Dem Tod begegnen und Hoffnung finden*, München: Piper 1997

LOUISE L. HAY: *Du bist dein Heiler*, München: Heyne 1993

MANNING, MATTIIEW: *A Foot in the Stars*, Shaftesbury: Element 1999

ders.: *No Faith Required*, Øyslebø: Eikstein Publications [Norwegen] 1995

PEMA CHÖDRÖN: *Beginne, wo du bist*, Braunschweig: Aurum 1997

RINPOCHE, SÖGYAL: *Das Tibetische Buch vom Leben und Sterben*, München/Bern: Scherz 1991

SHELDRAKE, RUPERT: *Die Wiedergeburt der Natur*, München/Bern: Scherz 1991

SPEZZANO, CHUCK: *Wenn es verletzt, ist es keine Liebe*, Petersberg: Via Nova ²1998

SPEZZANO, LENCY: *Make Way for Love*, Wiltshire: Psychology of Vision Press 1995

THICH NHAT HANH: *Breathe, You Are Alive*, Berkeley: Parallax Press 1998

Ebenso empfehle ich alle Bücher der folgenden Autoren:

DALAI LAMA, PEMA CHÖDRÖN, DEEPAK CHOPRA, JOHN KABAT-ZINN, STEPHEN LEVINE, DENISE LINN, CHUCK SPEZZANO und ANDREW WEIL.